CATALOGUE

DES

TABLEAUX

ITALIENS, FLAMANDS, HOLLANDAIS ET FRANÇAIS,

Des anciennes Écoles,

QUI COMPOSENT LA MAGNIFIQUE GALERIE

de feu M. le Chevalier Erard,

Et dont la Vente sera faite, aux enchères et argent comptant, le Lundi 23 Avril 1832, et jours suivans, de midi à quatre heures,

Salle Lebrun, rue de Cléry, N° 21,

Par le ministère de Me Lacoste, Commissaire-Priseur, rue Thérèse, N° 2;
Et de Me Coutelier, aussi Commissaire-Priseur, rue des Bons-Enfans, N° 28.

DEUX EXPOSITIONS PUBLIQUES AURONT LIEU,

DE MIDI A QUATRE HEURES, SAVOIR :

La première, à la Muette, bois de Boulogne, près la porte de Passy, depuis le 25 Mars jusqu'au 7 Avril inclusivement;

La seconde, rue de Cléry, dans la Salle Lebrun, depuis le 15 Avril, Dimanche des Rameaux, jusqu'au Dimanche de Pâques inclusivt.

LA DIRECTION DE LA VENTE EST CONFIÉE A Me HENRY, Commissaire-Expert du Musée royal, rue de Cléry, n. 21.

On distribue le présent Catalogue aux trois adresses ci-dessus,
Et chez M. P. Erard, rue du Mail, n. 13.

1832.

AVERTISSEMENT.

La galerie de Tableaux dont on donne ci-après le Catalogue, est devenue l'une des plus fameuses de l'Europe. Plusieurs souverains ont daigné lui accorder quelques momens d'attention, et ont trouvé qu'elle en était digne.

En décrivant les morceaux aussi rares que précieux, dont elle se compose, on n'a point eu à s'occuper des dénominations de leurs auteurs. Elles étaient toutes imposées d'avance et depuis long-temps; toutes avaient été sanctionnées, on ne dira pas seulement par M. le chevalier Érard (1), dont chacun apprécie le goût sûr, et l'esprit de discernement en matière de peinture et autres objets d'arts, mais encore par les nom-

(1) Ce Catalogue, composé sous les yeux de feu M. le chevalier S. Erard, fut publié il y a un an. Ce qu'on en avait tiré d'exemplaires ayant été épuisé par les envois qu'on en a faits en pays étranger, il a fallu recourir à une seconde impression. C'était le cas de changer quelques phrases de cet Avertissement dont la mort du chevalier S. Erard a détruit le sens, et en même temps de retoucher ou resserrer beaucoup d'articles du Catalogue, les uns se ressentant trop de la rapidité avec laquelle ils sont écrits, les autres manquant de précision. Mais M. P. Erard, par respect

breux amateurs, tant français qu'étrangers, qui ont visité sa galerie, et applaudi à l'excellence de son choix. Sur cela, on en appelle à tout ce qu'il y a de connaisseurs.

Comme le voyageur qui raconte ce qu'il a vu et entendu, on n'a eu donc que des narrations à faire, pour mettre ce Catalogue au jour. Mais la tâche restait encore assez grande et assez difficile, pour faire sentir que les moyens d'exécution ne secondent pas toujours le désir de bien faire. Aussi, les personnes auxquelles M. Érard a bien voulu confier ce travail, sont-elles les premières à reconnaître que, malgré les soins qu'elles y ont mis, il est loin de répondre à l'importance de son objet. En pareille matière, le mérite et la principale difficulté ne résident ni dans l'indication juste du sujet d'un tableau, ni dans la manière d'en expliquer l'ordonnance et d'en énumérer jusqu'aux moindres détails; ce n'est guère là que le compte des objets qui y sont matériellement représentés; et co compte,

---

pour les intentions, comme pour les volontés mêmes de son oncle, qui l'a institué son légataire universel, a désiré que cette seconde édition fût semblable à la première. Il n'y a donc de différence entre l'une et l'autre, que là seulement où la rédaction a paru devoir être corrigée. Point de changemens dans les noms d'auteurs.

dans maint et maint cas, peut être très-imparfait.

La peinture, par son immense étendue, est celui de tous les arts libéraux qui embrasse le plus de choses; et celui, par conséquent, où l'homme qui désire y acquérir de la gloire, doit apporter le plus d'esprit, de connaissances et de raisonnement. Dans un grand nombre de productions de cet art, notamment dans les chefs-d'œuvre des maîtres d'un génie supérieur, il y a souvent des vérités morales mêlées aux vérités physiques; c'est-à-dire, qu'indépendamment des formes et du coloris, il s'y trouve des préceptes, des allusions, une poésie, qui en relèvent la beauté. Le Poussin était si persuadé de la difficulté de bien comprendre certaines parties d'un tableau, qu'il ne livrait aucun des siens sans y joindre une note, dans laquelle il expliquait tous les motifs qui l'avaient guidé dans la composition de son sujet.

Ce serait donc dans les pensées de l'auteur, qu'il importerait surtout de pénétrer et d'initier les lecteurs, chaque fois qu'on fait l'analyse d'un tableau. Mais la perspicacité qui voit juste et profondément; mais l'aisance à émettre, tantôt avec grâce, tantôt avec énergie, les diverses impressions de l'âme, sont des facultés précieuses qui ne sont pas données à tout le monde, et sans lesquelles cependant il est impossible d'expliquer complètement le sujet d'un tableau. Sur ce point, les rédacteurs du présent Catalogue ont senti leur faiblesse, et sollicitent un peu d'indulgence. Dans la galerie de M. Érard, ils se sont vus au milieu de tant de peintures admirables, de tant de paysages rians, de tant d'images vraies où l'homme est représenté à tout âge, dans toutes les conditions et situations de la vie; et, en considérant tous ces chefs-d'œuvre, ils ont éprouvé des émotions si vives, des sensations si variées, qu'ils n'ont jamais eu la vanité de croire qu'ils pourraient exprimer tout ce qu'ils ressentaient. Il est des impressions qu'il est difficile de rendre, comme il est des peintures dont il est difficile au langage de bien faire sentir toute la beauté.

Mais une chose qui sera comprise au premier mot, ce sont les regrets que causera la dispersion de cette riche galerie, que les artistes ainsi que les amateurs ne cessaient de visiter, les uns y trouvant des jouissances délicieuses, les autres d'utiles leçons. Encore, si la meilleure partie de cette collection n'en devait sortir que pour rentrer dans le petit nombre de cabinets qui nous restent, ou contribuer à en former de nouveaux; mais il est vraisemblable que les morceaux les plus précieux, les mieux choisis, passeront à l'étranger, où depuis cinquante ans vont se perdre, pour nous, les nombreux chefs-d'œuvre dont le goût et la magnificence de nos premiers curieux avaient enrichi la France, nouvelle patrie des beaux-arts.

Il a paru inutile de rappeler ici combien l'exportation continuelle des bons ouvrages de peinture des anciennes écoles les a rendus chers et rares en France. L'espèce de privation qui en résulte est généralement et péniblement sentie par un grand nombre de personnes, et ce sentiment a cela d'amer, que l'avenir même, source de toutes les espérances, ne permet pas de croire à la possibilité de recomposer de nouveaux cabinets, propres à faire oublier ceux que nous n'avons plus; cela demanderait des sacrifices que peu de gens aujourd'hui sont d'humeur de supporter.

Si l'on disait ceux que M. le chevalier Érard a dû faire, pour arriver à la formation de sa galerie, beaucoup de gens auraient de la peine à y croire.

Un sacrifice beaucoup plus grand, toutefois, qu'il est prêt à s'imposer, c'est celui de cette galerie même, où le besoin de se distraire de ses longs et glorieux travaux d'esprit, lui a fait chercher et trouver quelques instans de bonheur. Puisse-t-il après s'être volontairement fermé cette source de délassemens paisibles, trouver un adoucissement à ses regrets, en pensant que la plus noble des passions lui sera un titre de plus à la célébrité qui lui est réservée. L'histoire, qui n'omet rien de ce qui est digne d'éloge, a toujours eu soin de faire rejaillir sur les hommes qui se montrèrent épris de l'amour des arts, quelques rayons de la gloire de ceux qui se sont illustrés en les cultivant.

On a fait connaître, autant qu'on l'a pu, ceux des tableaux de sa collection, d'après lesquels il a été fait des estampes, ainsi que ceux qui ont appartenu à des cabinets renommés; mais il est certain qu'en faisant des recherches dans les anciens catalogues, et dans les recueils de gravures, on y trouverait encore beaucoup de citations à faire.

On n'étendra point ce préambule par l'énumération des tableaux remarquables de la galerie; cette énumération serait longue sans être utile, et la table qui suit y suppléera complètement.

On a séparé par une espèce d'appendix, les

tableaux de la galerie de M. le chevalier Érard, de ceux qui ornent son salon, et dont il a également résolu de se défaire.

Nota. Les mesures des tableaux ont été prises avec le pied de roi français et réduites en pouces.

TABLE DES PEINTRES

ET DE CEUX DE LEURS OUVRAGES DONT IL EST FAIT MENTION DANS CE CATALOGUE.

Ecoles d'Italie.

GENNARO (E.). 23. La mort de saint Sébastien.
GIORDANO (L.). 24. Le couronnement d'épines.
GIULIO ROMANO. 25. L'enfance de Jupiter.
GUERCINO. 26. Agar renvoyée par Abraham.
GUIDO RÉNI. { 27. Saint Joseph et l'enfant Jésus. 28. David vainqueur de Goliath.
LIBERI (P.). 29. Sujet tiré de la mythologie.
PALMA (J.). 30. Sainte Famille.
PARMIGIANINO. { 31. La Vierge et son fils, etc. 32. Ste Marguerite honorant Jésus. 33. La Vierge et son fils.
PERRIN (del Vaga). 34. Sainte Famille.
PERUGIN. 35. Nativité de Jésus.
PESARÈSE. 36. La fuite en Égypte.
PULIGO (D.). 37. Sainte Famille.
RAFFAELLO-SANZIO. { 38. La Vierge, son fils et deux anges. 39. Mise au tombeau.
ROSSO (Il). 40. Le baptême de Jésus.
SALVATORE ROSA. 41. Paysage.
SCHEDONE (B.). { 42. La nativité. 43. La sainte Famille. 44. Autre sainte Famille.
SEB (del Piombo). 45. Guérison miraculeuse.
TIZIANO. 46. Le denier de César.
VERONÈSE (P.). 47. La fuite en Egypte.
Auteur inconnu. 48. La Cène.

École Espagnole.

JOANES (V.). 49. Pierre recevant les clés du paradis.
MURILLO (E.). { 50. La Vierge dans une gloire. 51. La nativité de Jésus.

VELASQUEZ.	52. Portrait équestre d'un général. 53. Portrait d'homme.
MAITRE INCONNU.	54. Madone.

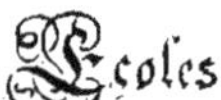

HOLLANDAISE, FLAMANDE ET ALLEMANDE.

ALBERT DURER.	55. Hommage rendu à Jésus. 55 (*bis*). La salutation angélique, etc.
ASSELEYN (J.).	56. Vue d'un chemin souterrain. 57. Paysage.
BAKHUYZEN (L.).	58. Les bateaux de passage. 59. Marine.
BEGA (C.).	60. Les amateurs de musique.
BERCHEM (N.)	61. Grande chasse aux cerfs. 62. Port de mer. 63. Vue d'un port de mer.
BERKHEYDE.	64. Vue de l'église de Harlem. 65. Intérieur de temple protestant
BOTH (J.).	66. Paysage. 67. Paysage.
BRAUWER (A.).	68. Intérieur de cabaret.
CHAMPAIGNE (PH. DE)	69. Les pélerins d'Emmaüs. 70. La Vierge et Jésus. 71. Portrait d'homme.
CUYP (AL.).	72. Paysage. 73. Voyageurs près d'une hôtellerie. 74. Portrait d'homme.
DENNER (B.).	75. Portrait d'homme.
DOU (G.).	76. Portrait de l'auteur. 77. l'empirique. 78. La souricière.

DYCK (Ant.-V.).	79.	Le baiser de Judas.
ELSHEYMER (A.).	80.	Stellé se moquant de Cérès.
ENERDENGEN (A.).	81.	Chûte d'eau.
HELTS (B.-V.).	83.	Portrait d'homme.
HEYDEN (J.-V.).	84.	Intérieur d'une ville.
	85.	Vue d'une porte d'Amsterdam.
HOBBEMA (M.).	86.	Paysage.
	86 (*bis*).	Paysage.
HOOCH (P. de).	87.	Conversation hollandaise.
HUYSUM (J.-V.).	88.	Bouquet de fleurs.
JARDIN (K. du).	89.	Paysage.
	90.	Paysage pastoral.
	91.	Le passage du gué.
LAIRESSE (G. de).	92.	Sujet historique.
METZU (G.).	93.	Jeune dame à sa toilette.
MIEL (J.).	94.	La sainte Famille.
MIERIS (F.).	95.	La musicienne.
MILÉ (J.-F.).	96.	Paysage historique.
MINDER HOUT.	97.	Marine.
	98.	Port de mer.
MOMERS (H.).	99.	Paysage pastoral.
MOUCHERON (F.).	100.	Paysage.
NEER (A.-V.).	101.	Paysage, effet de nuit.
ORRIZONTI.	102.	Paysage.
OSTADE (Ad.).	103.	L'estaminet hollandais.
	104.	L'adoration des bergers.
OSTADE (I.).	105.	Halte de voyageurs.
	106.	Repos de voyageurs.
	107.	Vue d'un canal glacé.
	108.	Vue d'un canal glacé.
	109.	Vue de Hollande en hiver.
POELENBURG (C.).	110.	Paysage orné d'une bacchanale.
POTTER (P.).	111.	Le pâturage.

PYNAKER (A.).	112. Paysage.
	113. Paysage.
	114. Paysage.
	115. Paysage.
	116. Paysage.
	117. Paysage.
REMBRANDT.	118. Portrait de deux époux.
	119. Portrait de l'amiral Tromp.
	120. Portrait d'homme.
	121. Portrait de femme.
	122. L'éducation de Joas.
	123. Le bénédicité.
	124. L'usurier.
RUBENS (P.-P.).	125. Jésus bénissant les enfans.
	126. Sainte Famille.
	127. Portrait du graveur Bolswert.
	128. L'adoration des Mages.
	129. L'adoration des Mages.
	130. Paysage.
RUYSDAEL (J.).	131. Paysage.
	132. Vue de Schiendam.
RUYSDAEL (S.).	133. Paysage.
RYCKAERT (D.).	134. L'auteur dans son atelier.
SCHALKEN (G.).	135. Le papillon en danger.
	136. L'ermite en méditation.
SCHELLINX (W.).	137. Paysage.
SOOLEMAKER.	138. Paysage avec animaux.
STEEN (J.).	139. La noce du village.
	140. Les plaisirs de la Kermesse.
SWANEVELT (H.).	141. Paysage.
TENIERS (D.).	142. L'enfant prodigue.
	143. Les quatre saisons.
	144. Les joueurs de boule.

SUITE DE TENIERS (D.).	145. Le chimiste.
	146. La diseuse de bonne aventure.
	147. Paysage.
	148. Les œuvres de miséricorde.
	149. La partie de dés.
	150. Kermesse.
	151. Kermesse.
	152. Paysage.
	153. Paysage avec effet de lune.
TERBURG (G.).	154. La toilette.
TOL (D.-V.).	155. La dentellière.
VAN OS (J.).	156. Fruits.
VELDE (A.-V.).	157. Paysage pastoral.
	158. Paysage pastoral.
	159. La prairie.
	160. Paysage avec ruines.
	161. Paysage pastoral.
VELDE (G.-V.).	162. Vue du Zuyderzée.
	163. Marine.
	164. Vue d'une rade en Hollande.
	165. Vue d'un rivage en Hollande.
VER BOOM.	166. Paysage.
WERFF (A.-V.).	167. La sépulture de Jésus.
	168. La sainte Famille.
WITTÉ (E. DE).	169. Intérieur d'église.
WOUWERMAN (PH.).	170. Les pélerins.
	171. Le maréchal ferrant.
	172. Chasse au faucon.
	173. Halte de chasseurs.
	174. Le maréchal ferrant.
	175. Paysage.
	176. Le départ de l'hôtellerie.

WYNANTS (J.).	177. Paysage.
	178. Paysage.
	179. Paysage.
	180. La maison rustique.
	181. Paysage.
WEENIX (J.).	182. Gibier.

École Française.

GELÉE (Cl.).	183. Soleil couchant.
	184. Port de mer.
	185. Paysage.
	186. Paysage.
	187. Énée à Carthage.
	188. Port de mer.
	189. Paysage au soleil levant.
POUSSIN (N.).	190. Sujet allégorique.
	191. Apollon et Daphné.
	192. La naissance de Bacchus.

Tableaux du Salon de M. Erard.

BERCHEM (N.).	193. Scène familière.
BERKHEYDE (G.).	194. Vue de Hollande.
BOTH (J.).	195. Paysage.
DIETRICH (CH.-G.-E.)	196. Paysage pastoral.
DICK (Ant.-V.).	197. La mort de Jésus.
LINGELBACH (J.).	198. Paysage.
MAUBEUGE.	199. L'adoration des Mages, etc.
PLAZER (F.-J.).	200. Temple de Salomon.
REMBRANDT (P.).	201. Paysage.
SART (C. de).	202. Fête champêtre.

CATALOGUE
DES TABLEAUX

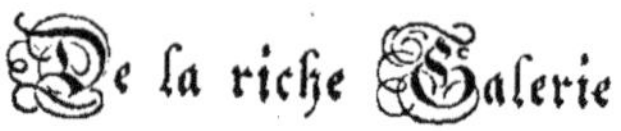

DE M. LE CH. ÉRARD.

Ecoles d'Italie.

ALBANI (Francesco.)

1. Quatre tableaux représentant les Saisons. — *Toile; forme ovale; hauteur, soixante-six pouces; largeur, quatre-vingt-quatre pouces.*

Ces tableaux, les plus séduisans qu'on connaisse, décoraient autrefois le palais *Santa-Croce*, à Rome. L'abbé Richard en parle à la page 109 du sixième volume de sa *Description historique et critique de l'Italie*, ouvrage imprimé à Paris en 1766.

Il en est aussi question dans le tome second, page 332, du *Voyage d'un amateur des arts*, etc... publié en 1788 par M. de La R...., et telles sont les propres expressions de l'auteur : « Les quatre saisons repré- « sentées dans autant de tableaux, grands ovales.

« par l'Albane. Nous ne connaissons rien de ce maî-
« tre qui surpasse le mérite de ces quatre belles
« productions. Les quatre Élémens qui décorent la
« chambre à coucher du palais de S. M. à Turin,
« peuvent seuls leur être comparés : ces huit mor-
« ceaux sont de vrais chefs-d'œuvre. »

Qui voudrait détailler toutes les particularités qui distinguent ces ingénieuses conceptions, tous les épisodes aussi variés qu'agréables qui les enrichissent; qui voudrait relever tout ce que l'imagination de l'auteur y a répandu d'esprit et de charmes, s'exposerait à dépasser de beaucoup les limites dans lesquelles on a coutume de resserrer les notes d'un catalogue, sans que sa plume fût parvenue à traduire avec fidélité le séduisant langage du pinceau. On se bornera donc à n'en faire que de courtes analyses. Mais ce qu'il convient avant tout de faire remarquer, c'est que l'Albane a emprunté de ces quatre beaux tableaux, comme s'il eût puisé dans quatre sources abondantes, la plupart des figures, des groupes même dont il composa plus tard ses autres ouvrages.

Le Printemps. — Vénus mollement étendue sur des coussins recouverts d'une draperie bleue, vient de s'endormir près des bosquets de Cythère, au milieu d'un essaim d'Amours. Son corps, dans un abandon plein de charme, se dessine avec grâce sous une tunique légère, qui laisse à nu une partie de ses cuisses, ses jambes et la moitié de son sein. Autour de la déesse, sans interrompre son repos, se jouent plusieurs des enfans de son cortége, tandis que leurs frères cueillent des fleurs pour lui en faire hommage à son réveil. La déesse Flore, assise sur un nuage au milieu des airs avec deux Amours, abaisse ses regards vers la terre et y laisse tomber quelques fleurs, dons aimables dont elle a soin de l'embellir. A la gauche du tableau, une petite haie taillée forme une enceinte au milieu de laquelle s'élève une fontaine, et dont l'entrée est enrichie de deux piliers surmontés de statues de marbre blanc. C'est en dehors de cette somptueuse enceinte que Cypris est venue respirer l'air de la campagne, et s'abandonner aux douceurs du sommeil. Plusieurs personnes ont pensé que cette disposition avait un sens allégorique, et pouvait signifier que c'est dans le séjour des champs, et non au milieu des merveilles d'un palais, qu'on trouve la paix et le bonheur. Ce qui frappe tous les yeux, c'est la figure enchanteresse de Vénus : figure qui souriait aux yeux même de l'Albane, et qui est une de celles qu'il s'est plû à reproduire dans un grand nombre de ses productions, quelquefois avec de légers changemens, quelquefois sans y rien changer.

L'Été.— Une nombreuse troupe d'Amours s'occupe dans un champ de blé aux différens travaux de la moisson; d'antres se baignent dans une rivière que deux de leurs frères viennent de traverser. Ceux-ci, non contens d'avoir franchi l'onde, se font encore un jeu d'en gravir la rive escarpée. Mais, comme il est des Amours entreprenans et téméraires, il en est aussi qui sont pleins de timidité : tel est celui qu'un de ses petits compagnons entraîne vers l'eau, et aux épaules duquel un troisième attache des nageoires. Non loin de la rivière est une naïade assise et appuyée sur une urne tarie, signe de la sécheresse causée par les chaleurs qui embrasent l'air en été, et pénètren jusque dans le sein de la terre. Le symbole de ces chaleurs, quelquefois étouffantes, se voit ici dans les figures de Vénus et de plusieurs Amours, apparaissant sur un nuage avec des brandons en feu dans leurs mains. D'autres Amours font un repas champêtre sous un toit de chaume; d'autres se reposent sur le gazon, ou regardent ceux de leurs frères qui sont occupés aux divers travaux de la moisson.

L'Automne. — Bacchus, sur un nuage, un thyrse dans une main, une grande coupe dans l'autre, préside, du haut des airs, aux travaux ainsi qu'aux plaisirs de la vendange. Un enfant, tenant aussi une tasse, est à côté de lui. Ce sont encore des Amours qui cueillent, portent et pressent le raisin, récoltent les fruits et vont les déposer aux pieds de Pomone; tandis que plusieurs de leurs camarades, pour célébrer le triomphe du Dieu qui conquit l'Inde et apprit à cultiver la vigne, traînent joyeusement un char, sur lequel ils ont placé Cupidon ivre de vin nouveau et plongé dans un profond sommeil. Pomone est représentée par une femme assise sur le devant du tableau, et tenant un fruit que lui demande avec instance un petit Amour.

L'Hiver. — Ce n'est ni par le souffle des vents et l'attristante image d'un ciel nébuleux, ni par d'épaisses couches de neige répandue sur la terre, que l'Albane a représenté l'hiver dans ce tableau ; mais par le riant spectacle d'une multitude d'Amours forgeant, aiguisant et essayant des flèches, sous les yeux de Vénus et du boiteux Vulcain. Celui-ci, la main appuyée sur un marteau, est assis à terre à côté d'un casque et d'un bouclier qu'il vient de forger. Il regarde gravement un groupe d'Amours qui ont formé de leurs brandons un seul foyer, dans la flamme duquel ils font rougir la pointe de leurs flèches, comme pour y faire pénétrer un feu qui en rende la blessure plus dangereuse. Ces flèches sont l'ouvrage d'un Amour qui les façonne sur une enclume, et les passe ensuite à l'un de ses frères pour les aiguiser. Ce dernier emploie pour cet effet une meule au-dessus de laquelle voltige un autre Amour qui verse de l'eau. Plus loin, cinq ou six de ces malicieux enfans essayent leurs traits, et s'exercent à tirer de l'arc, en visant à un but auquel ils ont donné la forme d'un cœur. A leurs jeux applaudit Vénus, dont un nuage soutient le char au milieu des airs. Trois Amours accompagnent leur mère, et, comme elle, ont en main des brandons enflammés.

Ce dernier tableau n'est point, à proprement parler, un sujet d'hiver, mais une ingénieuse allusion au feu, à cet élément vital qui préserve tous les êtres de l'engourdissement mortel auquel ils sont exposés pendant les rigueurs de la mauvaise saison.

Il semble que l'Albane, en ne faisant intervenir que des enfans dans les scènes aussi riches, aussi intéressantes qu'animées, dont se composent ces quatre tableaux, ait songé, comme on l'a dit, à reproduire le système de ces philosophes de l'antiquité, qui attribuaient toutes les merveilles de la nature aux génies dont ils peuplaient le monde entier. Quoi qu'il en soit, rien de plus gai que la vue de ces enfans si jolis, si bien faits, dont les actions sont si vives, les mouvemens si souples, les attitudes si gracieuses. C'est d'ailleurs une chose reconnue depuis long-temps que personne n'a mieux rendu que ce peintre les physionomies, tantôt naïves, tantôt malicieuses, les jeux folâtres et variés de ces êtres charmans, ni mieux dessiné que lui les formes potelées de leurs petits corps. Suivant Mengs, l'Albane est encore supérieur à tous les autres maîtres pour l'imitation des figures de femmes.

Il serait superflu de rien ajouter à ce que l'on a mille et mille fois répété à l'éloge de cet artiste charmant, original dans ses inventions, peut-être unique dans son genre, et si souvent nommé, tantôt le peintre des Grâces, tantôt l'Anacréon de la peinture.

On a eu soin de conserver à ces quatre tableaux les cadres chargés de sculpture qu'ils avaient dans le palais *Santa-Croce*.

2. Repos de la Sainte Famille. — *Cuivre; hauteur, douze pouces; largeur, dix.*

Marie, représentée assise au milieu de la composition, le dos appuyé contre un rocher, tient l'enfant Jésus sur ses genoux. Ses regards ainsi que ceux de son fils se portent sur les spectateurs. A la gauche de la Vierge se repose saint Joseph ; à sa droite sont agenouillés deux anges, dont les traits réunissent à l'éclat et à la candeur de deux têtes de vierge, la double expression du respect et du ravissement. Le visage de l'enfant, celui de sa mère, sont aussi d'une grande beauté. Une exécution soignée, un coloris plein de fraîcheur, achèvent de donner à ce petit tableau tout le charme dont était susceptible un sujet aussi simple et aussi souvent répété. On sera sûr de plaire chaque fois qu'on peindra, comme l'a fait l'Albane, ce qu'il y a de plus aimable dans la nature.

BASSANO (JACOPO DA PONTE, *dit* IL).

3. JACOB EN VOYAGE AVEC SA FAMILLE.—*Toile; hauteur, quarante-deux pouces ; largeur, quatre-vingt-seize.*

Le patriarche s'arrête avec tous ses gens et ses troupeaux, pour leur donner le temps de se rafraîchir et de se reposer. Ce beau tableau, composé d'une multitude de figures, très-rendu dans toutes ses parties, est un de ceux que l'on comptera toujours parmi les productions les plus capitales de l'auteur. Il provient de la riche collection que M. le comte de La Forêt avait formée en Espagne, lorsqu'il y résidait en qualité d'ambassadeur, et qui fut vendue à Paris, en janvier 1822.

4. L'Arche de Noé. — *Deux tableaux faisant pendans : toile ; hauteur, trente-six pouces, largeur, quarante-deux.*

Dans l'un sont représentés les fils de Noé s'occupant de travaux relatifs à l'arche ; on voit, dans l'autre, les animaux entrant par couple dans l'arche, au moyen d'un pont volant.

Les productions de Bassano sont en général d'un coloris énergique et vrai, qui leur a long-temps mérité l'attention et les éloges des connaisseurs.

BELLINI (Giovanni).

5. Le Mariage de sainte Catherine. — *Bois ; hauteur, vingt-cinq pouces six lignes ; largeur, cinquante-trois pouces.*

L'enfant Jésus, assis sur les genoux de sa mère, scelle son alliance avec Catherine, en lui mettant l'anneau nuptial au doigt. A cette cérémonie assistent saint Joseph et saint Bruno. Toutes ces figures, excepté celle de Jésus, sont représentées à mi-corps ; elles ont de la rondeur, de la vie et de l'expression ; le coloris primitif en est parfaitement conservé.

Jean Bellin, comme l'ont remarqué plusieurs écrivains, fit faire de grands progrès à l'art, en prenant à tâche de l'ennoblir ; progrès dont la gradation est sensiblement marquée dans ses propres ouvrages. Celui-ci est une preuve de cette amélioration. On y retrouve bien le style naïf de toutes les écoles qui avaient précédé celle de l'auteur, mais avec plus de choix dans le dessin, plus de délicatesse et de moelleux dans l'exécution, plus de relief et de naturel. C'est l'union de deux époques de l'art, ou, pour être plus clair, l'union du style ancien avec le nouveau.

Les perfectionnemens que Jean Bellin introduisit dans la peinture lui ont valu de grands éloges, et le font regarder, encore aujourd'hui, comme le père de l'école vénitienne. A ce titre, une production de sa main, surtout quand elle est aussi bien conservée que celle-ci, est singulièrement digne d'être remarquée par les curieux, et mérite une place dans tous les cabinets.

BELTRAFFIO (Giovanni-Antonio).

6. La Vierge, son fils et saint Jean-Baptiste enfant.—*Bois; hauteur, trente-et-unpouces; largeur, vingt-trois pouces sept lignes.*

Quoique cette peinture soit encore une de celles qui se ressentent de l'enfance de l'art, cependant on ne peut reprocher aux figures de manquer tout-à-fait de grâce et de mouvement. La Vierge, représentée assise devant un rideau, est vue jusqu'aux genoux, et tient sur elle son divin fils. Saint Jean-Baptiste, debout aux pieds de Marie, exprime, en joignant ses petites mains, le respectueux amour que son jeune cœur ressent déjà pour Jésus, dont plus tard il doit annoncer l'auguste mission. Aux deux côtés du rideau la vue se porte sur les derniers plans d'un paysage.

Beltraffio, gentilhomme milanais, n'ayant exercé la peinture que dans les heures de loisir que lui laissaient de graves occupations, n'a produit que fort peu de tableaux. Cette raison, dit Lanzi, dont on a tiré la remarque précédente, les rend rares et très-précieux.

BRONZINO (Angiolo).

7. Portrait d'homme. — *Bois; hauteur, vingt-trois pouces; largeur, dix-huit.*

Il est représenté en buste, nu-tête, le bas du visage garni d'une barbe épaisse, et les épaules couvertes d'un vêtement noir. Son teint basanné est rendu avec beaucoup d'art; le coloris du Giorgion n'a pas plus de vigueur.

Les portraits du Bronsin lui ont valu une grande réputation que celui-ci justifie pleinement. Une qualité qui leur est particulière, c'est cet émail, cette couleur, pour ainsi dire *agatisée*, qui est moins un effet du temps que l'œuvre d'une main habile à finir, et à lier parfaitement entre elles toutes les nuances du coloris. On ignore le nom du personnage dont on voit ici les traits; mais ils révèlent à peu près quelle fut son humeur, tant l'apparence de toutes les facultés de la vie physique et morale s'y trouve parfaitement empreinte, et leur donne d'expression. Cette tête mâle est celle d'un homme grave et réfléchi, mêlant la simplicité à la dignité.

CARRACCI (Lodovico).

8. La Vierge, l'enfant Jésus et le petit saint Jean-Baptiste.—*Bois; hauteur, trente-cinq pouces; largeur, vingt-huit.*

Le Rédempteur, âgé de deux à trois ans, est assis sur un socle de pierre, le coude appuyé sur un globe surmonté d'une croix qu'il considère d'un air triste et rêveur. Sous lui est étendu un des pans du manteau de la vierge Marie. Celle-ci, vue de profil, est à la gauche et un peu en arrière de son fils; elle regarde et écoute le petit Saint-Jean, dont les paroles font sur elle une profonde impression.

Ces figures sont, à peu de chose près, de grandeur naturelle; mais celle de Jésus, que l'auteur a placée en avant de saint Jean, est la seule qui soit entièrement développée; les deux autres ne sont vues qu'à mi-corps.

Qu'il y a ici d'intérêt, de sentiment et de perfection! Que de justesse et de clarté dans la pantomime, et que le caractère du Rédempteur est savamment conçu! Aux grâces ingénues de son joli visage se mêle une douce mélancolie, reflet des tristes pressentimens qui commencent à poindre dans son âme. La tête du petit saint Jean-Baptiste ne fait pas moins d'honneur au pinceau du Carrache. Elle est rendue de manière qu'elle unit à la vivacité naïve des premiers ans, cette raison précoce, cet esprit de méditation, qui conviennent au jeune précurseur. La Vierge à qui il parle, en lui mettant la main sur l'épaule, familiarité naturelle aux enfans, l'écoute avec cette attention prononcée que nous donnons aux récits qui nous frappent et nous intéressent personnellement.

On croit devoir le répéter, il y a tant d'éloquence et de poésie dans le langage muet du visage et des gestes de chaque acteur de la scène, qu'il est douteux qu'on puisse porter plus loin le talent de l'*animation* pittoresque. Même intelligence dans la conduite du clair-obscur; le travail de la main est parfait.

CARRACCI (Agostino).

9. La Mort de Jésus-Christ.— *Toile; hauteur, cinquante-cinq pouces; largeur, soixante-dix-neuf.*

Sept anges entourent ou soutiennent les restes inanimés de l'Homme-Dieu, et mêlent leurs pleurs à ceux de l'infortunée Marie. Toutes ces figures sont de grandeur naturelle. Leurs expressions ne sont pas tout-à-fait semblables, mais elles peignent de concert une douleur profonde, dont l'âme du spectateur ne peut se défendre d'être émue.

Cette lugubre peinture, cette scène déchirante, où l'auteur se montre grand dessinateur, coloriste, homme de génie, ne représente pas exactement un épisode du livre sacré; c'est une composition mystique, une pensée de l'imagination, une fiction inventée pour agrandir l'intérêt de la vérité historique, et montrer sous un aspect nouveau un sujet pathétique et religieux, sur lequel les plus illustres talens s'étaient déjà exercés. Ces anges adorateurs, placés en face de la malheureuse vierge Marie, près des restes inanimés du Christ, objet de leur vénération et de leurs larmes, n'ont été probablement introduits dans cette composition, que pour faire entendre aux chrétiens, que, dans les suprêmes demeures des élus, les souffrances, l'agonie, l'ignominieux trépas de Jésus, furent un sujet de deuil qui troubla un moment la félicité des célestes esprits. Quoi qu'il en soit, il semble qu'on ne puisse rien ajouter à la beauté de ces êtres surnaturels, ni leur donner une autre expression de sensibilité. La tristesse des uns est amère; celle des autres est tempérée par la contemplation, leurs fronts en sont à peine altérés. Il n'en est pas ainsi de la douleur de Marie: c'est un tourment profond, un déchirement de cœur, une angoisse mortelle, qu'on ne peut expliquer, et qui ne peuvent être compris que par l'homme sensible, auquel ils rappellent la perte d'un objet tendrement aimé. Quant à la figure du Christ, posée sur un linceul, elle représente d'une manière frappante la terrible image de la mort. Une pâle clarté, ménagée avec intelligence et répandue sur toute la scène, achève de lui donner un aspect tout-à-fait mélancolique.

En somme, ce tableau est un témoignage imposant de la capacité d'Augustin Carrache, celui de tous les peintres de ce nom qui avait reçu de la nature le plus de génie.

CIRO-FERRI.

10. Clovis a genoux devant saint Rémi. — *Toile; hauteur, douze pouces six lignes; largeur, neuf pouces.*

Clovis Ier, fondateur de la monarchie française, ayant fait vœu d'adorer le dieu de Clotilde, sa femme, s'il gagnait la bataille de Tolbiac, où ses troupes avaient commencé à plier, se présente, après avoir défait les Germains, devant saint Rémi, archevêque de Rheims, pour accomplir sa promesse. Le monarque est à genoux, tête nue, à la porte de l'église, où le saint prélat se dispose à le baptiser. La couronne de Clovis est à terre, à côté de lui; un écuyer tient la bride de son cheval; on voit dans la campagne une partie de son armée, qui attend aussi les eaux du baptême. Ce petit tableau intéresse par le sujet, par la richesse de la composition, par l'exécution même, où se montre autant de soin que d'esprit.

CORREGGIO (Antonio Allegri, *dit* Il).

11. L'Éducation de l'Amour. — *Toile; hauteur, cinquante-sept pouces; largeur, quarante.*

Mercure enseigne à lire à Cupidon; Vénus, présente à la leçon, sourit aux progrès de son fils.

On est forcé d'admirer dans ce tableau tout ce qui distingue le style si gracieux de Corrège : la douceur des expressions, l'ondulation des mouvemens, la force et la magie du coloris. Quant à la composition, elle est semblable, à peu de chose près, à celle de plusieurs tableaux où le Corrège a représenté le même sujet. Celui-ci, dont les figures sont presque de grandeur naturelle, faisait autrefois partie de la célèbre galerie du Palais-Royal. De cette galerie, il passa à Londres dans le cabinet de M. Willet. C'est ce que nous apprend S. W. Buchanan, dans un ouvrage qu'il publia dans cette ville, en 1824, sous le titre de *Memoirs of Painting, with a cronological history of the importations of pictures by the great masters into England, since the french revolution.*

L'auteur de ces mémoires, en rendant compte de la vente faite à Londres des tableaux de la galerie d'Orléans, s'exprime ainsi à la page 63 de son livre : *The Education of Cupid. Sold to M. Willet.... This picture was again sold after the death of M. Willet, and is now in the possession of M. Erard de Paris.* C'est-à-dire, « L'Éducation de Cupidon vendue à « M. Willet..... Cette peinture fut vendue de nou- « veau après la mort de M. Willet, et appartient « maintenant à M. Erard de Paris. »

Dubois de Saint-Gélais, dans sa description des tableaux du Palais-Royal, ouvrage publié en 1722, décrit ainsi le même tableau :

« L'Éducation de l'Amour. — Toile ; hauteur, qua- « tre pieds neuf pouces ; largeur, trois pieds quatre « pouces. »

« Mercure, nu avec son pétase et ses talonnières, « est assis et montre à lire à l'Amour qui est devant « lui. A côté, Vénus céleste, qui est ailée, a le bras

« appuyé sur le bord du pétase de Mercure, et le « droit étendu, touchant de la main les ailes de « l'Amour. Le fond est une roche entourée de petits « arbres. »

Le duc d'Orléans avait acheté ce tableau, avec beaucoup d'autres, des héritiers de don Livio Odescalchi, duc de Bracciano, dans le palais duquel il se trouvait au temps des Richardson père et fils, comme cela est prouvé par leur ouvrage intitulé : *Description de divers fameux tableaux, dessins, statues, etc., qui se trouvent en Italie.* — « Mercure qui enseigne Cupidon à lire (dit Richarson fils, en citant les curiosités les plus remarquables du palais du duc de Bracciano), est une des plus jolies imaginations du Corrège. » Voyez le tome III, page 285 de l'ouvrage qu'on vient de citer.

Selon le témoignage de Saint-Gélais et autres auteurs dignes de foi, le tableau dont il s'agit, avant d'appartenir au duc de Bracciano, était parmi ceux pour lesquels la célèbre Christine avait pris tant de goût qu'elle les emporta à Rome, après avoir déposé la couronne de Suède. Admirable effet de la puissance de l'art! Il fut plus facile à cette femme étonnante de se détacher d'un trône environné d'éclat, que de renoncer à la vue de quelques chefs-d'œuvre. Les peintures qu'admirait Christine, avaient orné le palais impérial de Prague jusqu'à l'époque de la fameuse guerre de Trente Ans, pendant laquelle cette ville fut prise et saccagée par l'armée suédoise.

De Prague, le conquérant les fit transporter à Stockholm, où ils restèrent long-temps oubliés.

On peut donc établir ainsi l'historique des divers déplacemens de l'important tableau qui fait le sujet de cette note : d'abord il orna le palais impérial de Prague, puis le palais royal de Stockholm, ensuite le cabinet particulier de Christine, à Rome, d'où il passa dans le palais du duc de Bracciano. De ce palais, il passa dans la galerie du Palais-Royal, à Paris; puis dans le cabinet de M. Willet, à Londres; puis enfin dans la magnifique galerie de M. le chevalier Érard, à Paris.

Cette filiation, basée sur des documens dont chacun peut vérifier l'exactitude, paraîtra sans doute plus satisfaisante que tous les éloges qu'une abondante imagination pourrait fournir; néanmoins on ne peut guère s'abstenir d'y ajouter quelques remarques. Par exemple : la figure de Vénus est d'une si grande beauté, que l'on s'aperçoit facilement, dit un critique judicieux, que le Corrège, en la faisant, avait présent à la mémoire l'*Apollino* de la *villa* Médicis, qui est aujourd'hui à Florence. L'Amour respire l'innocence de son âge, il est en outre bien dessiné et peint avec un art infini. Le Mercure, représenté sous les traits d'un jeune homme qui n'a pas encore acquis toute sa croissance, est d'un beau caractère et d'une agréable simplicité. En un mot, tout, dans cette peinture charmante, est d'un grand fini, d'une morbidesse extraordinaire, d'un bel empâtement et du meilleur goût. La scène a pour fond un rocher et des arbrisseaux, dont les teintes sont sacrifiées de manière à faire ressortir les figures.

Il a été fait plusieurs gravures d'après ce tableau.

12. Sainte Catherine recevant de deux anges le prix de sa foi.— *Bois ; hauteur, trente-trois pouces; largeur, vingt-huit.*

La jeune martyre est représentée à mi-corps, la main droite sur le cœur, la gauche appuyée sur un fragment de roue, symbole de celle qui se brisa miraculeusement, dit la légende, quand on voulut en faire usage pour le supplice de Catherine. On ne peut se méprendre à l'expression de cette belle figure : les regards que la sainte élève vers le ciel sont bien des regards pleins d'amour et d'espérance ; mais ils révèlent aussi que cet amour a pour unique objet le dieu que Catherine adore, le dieu auquel elle s'est unie et dont elle attend son éternel bonheur. Cette pensée s'explique encore par la présence de ces deux anges, l'un placé devant la jeune martyre et lui posant une couronne sur la tête, l'autre placé derrière elle et tenant à la main une branche de palmier, symbole de la gloire des élus.

Ce tableau, qui ne parle pas moins à l'esprit qu'aux yeux, a été généralement regardé par les amateurs, non-seulement comme l'un des plus beaux ornemens de la galerie de M. Érard, mais encore comme un chef-d'œuvre de peinture. Il est de fait qu'on ne peut le considérer sans qu'il fasse une impression aussi vive que profonde. La tête de Catherine réunit au plus haut degré la naïve candeur d'une vierge, la ferveur d'une jeune néophyte, la touchante joie d'un cœur pur et religieux. Le mouvement de la main droite, par sa coïncidence avec le jeu des traits du visage, ajoute encore à leur expression. A cet ensemble, à cette pantomime si juste, si significative, qui fait que la toile paraît être animée, comment ne pas reconnaître cette supériorité de mérite qui distingue les peintures où l'âme a eu plus de part que la main, et qu'on pourrait comparer aux prestiges des enchanteurs. Le sentiment qui vivifie cette belle figure ne fait pas seul tout l'attrait du tableau. On en admire encore l'exécution, le coloris et l'effet : l'exécution parce qu'elle est en même temps solide et d'une exquise suavité; l'effet et le coloris parce qu'ils s'accordent avec la poésie de la pensée, en offrant tout à la fois le calme, la douceur, la gravité, que demandait le sujet.

13. L'INCRÉDULITÉ DE SAINT THOMAS. — *Toile; hauteur, trente et un pouces six lignes; largeur, quarante-cinq pouces six lignes.*

Saint Thomas ayant manifesté aux autres disciples qu'il ne croirait à la résurrection de son maître, qu'après l'avoir vu et avoir touché ses plaies, il arriva huit jours plus tard que Jésus-Christ, revenu au milieu de ses apôtres, lui adressa les paroles suivantes : « Portez votre doigt dans la plaie de mon « côté et ne soyez plus incrédule, mais fidèle. »

Tel est le sujet représenté dans ce tableau. Thomas, le corps incliné, regarde et touche la plaie qu'un coup de lance a faite à son maître; pendant ce temps, notre seigneur entr'ouve ses vêtemens; ses traits sont pleins d'onction. Cette scène n'a ici de témoins que saint Jean qui est placé derrière Thomas, et saint Jacques dont on voit seulement la tête par-dessus l'épaule de Jésus.

Ce tableau est encore un de ceux de la galerie qui ont obtenu la meilleure part dans les éloges, souvent pleins d'enthousiasme, des nombreux amateurs qui l'ont visitée depuis quinze ans. Les sensations qu'il fait éprouver à la vue, a dit l'un d'eux, ressemblent à celles que ferait éprouver aux oreilles, une musique harmonieuse et douce. Il est vrai qu'on ne peut se faire l'idée d'une peinture plus sage, plus flatteuse, où la lumière soit mieux ménagée, le clair-obscur mieux entendu; où les couleurs locales soient plus convenablement assorties, et tous les objets plus parfaitement liés entre eux. L'effet de l'air ambiant y est admirablement rendu; on dirait que l'union des teintes a été produite par une fusion, plutôt que par le simple travail du pinceau. Si l'on s'attache ensuite aux caractères des deux figures principales, on trouvera qu'elles semblent penser et agir. Combien il y a d'attention dans l'examen de Thomas, regardant de près et touchant une des plaies de Jésus! Que son action peint bien l'apôtre qui avait dit: « Je ne « croirai à la résurrection du Christ, qu'après l'avoir « vu, qu'après avoir mis le doigt dans les plaies « des clous, et la main dans l'ouverture de son

« côté. » La figure de Jésus est touchante et parfaitement conçue. La douceur, la bonté, la simplicité, en sont l'expression particulière. Elle peint à merveille l'être sur-humain qui, pour tout reproche, se borne, envers un disciple infidèle, à ces paroles si simples, à cette exhortation si modérée : « Appro-« chez, touchez ; vous avez cru, Thomas, parce que « vous avez vu ; heureux ceux qui ont cru sans avoir « vu! »

Il n'est donné qu'aux hommes d'un esprit supérieur, de saisir ainsi les traits distinctifs d'un personnage célèbre, et d'y imprimer en quelque sorte son histoire.

14. Vénus caressant l'Amour. — *Bois ; hauteur, quatorze pouces six lignes ; largeur, onze pouces.*

Assise sur un lit de repos, sans autre parure que ses grâces et sa beauté, Vénus presse Cupidon dans ses bras, et lui donne un des plus doux baisers qu'un enfant puisse recevoir de sa mère ; mais le petit volage, les bras passés autour du cou de la déesse, songe à autre chose qu'aux caresses qu'elle lui fait et qu'il paraît lui rendre. Il y a dans le sourire qui anime ses lèvres, ainsi que dans le regard vif et malin qu'il jette sur le spectateur, une autre expression que celle du contentement ingénu de l'enfance. Les poètes ont dit qu'aussitôt qu'il eut la force de bander son arc, il le tourna souvent contre le cœur même de celle qui lui avait donné le jour. Si ce n'est pas le perfide plaisir d'avoir blessé Vénus, que le peintre a voulu faire lire dans la physionomie de Cupidon, du moins est-il impossible de ne pas voir qu'il y a imprimé la malice et la ruse. Cet arc, ces flèches dangereuses qui n'épargnent personne, sont à terre aux pieds de la belle et tendre Cypris, s'enivrant de tout ce que l'affection maternelle fait éprouver de délices.

Cette petite scène si vivante, si expressive, qui respire une mollesse, une grâce, un charme, tout-à-fait anacréontiques, ne plaît pas seulement par le sujet, mais encore parce qu'elle est rendue avec beaucoup d'art et de sentiment, sous le double rapport du coloris et de l'expression. Les figures ont de la saillie; il y a dans l'ensemble beaucoup d'harmonie et d'effet.

Le lit de repos sur lequel Vénus est assise, est garni de coussins de velours incarnat, et placé sous un baldaquin à rideaux verts, ornés de franges d'or, ce qui donne au fond du tableau, l'aspect d'un de ces riches et secrets boudoirs que la beauté consacre aux tendres rêveries et aux doux entretiens de l'Amour.

On aurait pu s'étendre plus longuement qu'on ne l'a fait, sur le mérite de cette délicieuse peinture; mais on a craint de se rendre fastidieux par des répétitions dans lesquelles il aurait été difficile de ne pas tomber. On ajoutera seulement qu'il en a été fait une petite estampe en Allemagne, lorsqu'elle appartenait au comte Bendinelli de Vienne. On en connaît une autre estampe lithographiée à Paris, par M. Grévedon; et tout récemment encore, il en a été fait un dessin qu'on se propose de graver. Le burin a sur la plume un grand avantage quand il s'agit de traduire un tableau.

CORTONE (Pietro Berrettini, *dit* Il).

15. Élie et la Veuve de Sarepta.—*Toile; hauteur, soixante-dix-sept pouces; largeur, cinquante-deux pouces neuf lignes.*

Le saint prophète, tout près d'arriver à Sarepta, où Dieu lui avait annoncé qu'il trouverait, chez une pauvre veuve, de quoi se nourrir, rencontre cette femme ramassant quelques morceaux de bois; et la prie de lui donner à boire et à manger. Un enfant, encore en bas âge, prête à sa mère le peu de secours dant il est capable.

Le Cortone est parfaitement entré dans l'esprit de ce sujet, et le mode qu'il a choisi pour le traiter est un mode simple et grave, qui l'obligeait à modérer l'éclat de son coloris. Les poses de ses figures, quoique contrastées, suivant son usage ordinaire, sont aisées et naturelles; en un mot, de toutes les productions de ce maître qui sont à Paris, celle-ci est une des plus étudiées et des meilleures. La veuve intéresse surtout par son air d'humilité et de charité. Représentée à genoux et se tournant vers le prophète, qui est supposé lui demander à boire et à manger, cette femme le regarde avec tant d'expression, qu'on lit sur son visage et le désir qu'elle éprouve d'accorder le secours qu'on lui demande, et le regret qu'elle a de n'être pas en état de le faire, à cause de son excessive pauvreté. L'enfant tient dans ses bras de petits morceaux de branches d'arbres desséchées qu'il vient de ramasser. Ces deux figures doivent un grand relief à la vigueur du paysage qui leur sert de fond. Dans le lointain, on aperçoit la porte de la ville de Sarepta.

Piètre de Cortone, au jugement de Lanzi, doit être regardé comme le modèle et le créateur d'un style auquel Mengs a donné le nom de *facile et élégant.*

16. CORIOLAN. — *Toile; hauteur, cinquante-deux pouces six lignes; largeur, soixante et onze pouces.*

Après avoir reçu en vainqueur implacable les deux députations de consulaires et de pontifes que Rome épouvantée venait de lui envoyer, Coriolan est enfin désarmé par les larmes et les prières de sa mère et de son épouse; et, renonçant à poursuivre ses victoires, il met un terme à sa vengeance. Tel est le sujet de ce tableau.

Coriolan est représenté assis sur un trône, au milieu des capitaines de son armée. Devant lui se prosternent des dames romaines, ayant à leur tête Véturie, mère du vainqueur, et Volumnie son épouse. Ces deux dernières sont debout; deux enfans en bas âge accompagnent Volumnie.

Il y a, dans l'ordonnance de cette composition, un

certain luxe bien propre à flatter les yeux. Elle se distingue également par l'*opposition des groupes avec les groupes, des figures avec les figures, des détails avec les détails*, art dans lequel excellait le Cortone, et qui annonce toujours le peintre d'un mérite éminent.

17. LA NAISSANCE DE LA VIERGE. — *Toile; hauteur, quatre-vingt-dix-neuf pouces; largeur, soixante-quatorze.*

Trois jeunes femmes sont occupées à emmailloter l'enfant. Une d'elles le tient sur ses genoux, et reçoit des mains d'une autre la bande de toile dont elle se sert pour l'envelopper; la plus jeune des trois soutient la tête de la Vierge, qui est couronnée d'étoiles. A la gauche du tableau est une quatrième femme qui apporte un vase. Du côté opposé, on voit sainte Anne dans son lit; son visage exprime tout à la fois la douleur et la joie : près d'elle est une servante qui lui présente des œufs. La scène se passe dans un appartement qu'éclaire une grande ouverture, par où l'on aperçoit un paysage enrichi de fabriques. Les figures sont de grandeur naturelle.

A un coloris brillant et analogue à l'allégresse que cause la naissance de Marie, s'unissent ici toutes les autres qualités qui distinguent ordinairement les plus belles pages de l'auteur. Celle-ci a été regardée comme la répétition d'un tableau qui se voit au Musée royal.

DEL SARTO (ANDREA VANNUCCHI, dit Andrea.)

18. LA VIERGE MARIE ET L'ENFANT JÉSUS ACCOMPAGNÉS DE SAINT JEAN-BAPTISTE. — *Bois; hauteur, vingt-cinq pouces; largeur, vingt.*

Cette peinture n'est évidemment qu'un ouvrage de la jeunesse d'André del Sarte; néanmoins les beautés qu'on y remarque et sa conservation parfaite autorisent à la regarder comme très-précieuse. C'est d'ailleurs une de ces productions qui marquent les différentes phases du talent d'un grand maître. Dans l'étude des arts libéraux, il y a beaucoup de degrés à franchir pour arriver à la perfection; et si l'on en croit plusieurs historiens, à commencer par Vasari, les progrès d'André, loin d'être soudains comme ceux de quelques autres peintres, ne se développèrent que successivement, et dans le cours d'un certain nombre d'années, pendant lesquelles il forma son goût d'après les cartons de Michel-Ange et de Léonard de Vinci.

La Vierge, représentée assise et vue à mi-corps, occupe le milieu du tableau, et, suivant l'ancien usage, fait face au spectateur. Sur ses genoux, dort profondément le petit Jésus, qu'elle soutient de son bras droit; la tête de cet enfant est des plus jolies, très-délicatement peinte et d'une belle carnation. A la gauche de Marie est placé saint Jean-Baptiste, aussi en bas âge, et considérant avec une attention mêlée d'amour et de respect, celui dont il doit un jour proclamer la charité ineffable et la glorieuse mission. On ne voit de cette dernière figure que la partie supérieure du corps ; la figure de Jésus est entière.

C'est particulièrement dans les airs de tête de la Vierge et du petit saint Jean-Baptiste, qu'on devine le pinceau d'André del Sarte. On le découvre aussi dans le coloris des chairs et dans la conformation des plis des draperies. La tête de Jésus rappelle, par la finesse de l'exécution, celles de Léonard. Mais les contours en général sont plus arrêtés que dans les ouvrages qui distinguèrent plus tard le talent facile du célèbre del Sarte.

DOMENECHINO (Domenichino Zampieri, communément appelé Il).

19. Le Martyre de saint Sébastien. — *Toile; hauteur, quarante-sept pouces; largeur, trente-cinq.*

Le défenseur de l'Église romaine, les bras attachés à un tronc d'arbre, et déjà percé d'une flèche dans le côté gauche, tourne avec confiance ses regards vers le ciel, et offre au Seigneur le sacrifice de ses souffrances et de son martyre.

Cette figure, peinte jusqu'à mi-cuisses et dans les dimensions du corps humain, est d'un dessin étudié, d'un grand relief, et remplie d'expression. A l'empreinte de douleur qui se manifeste à peine dans les traits de Sébastien, s'allient les signes d'une constance héroïque, et le sentiment précurseur de la félicité à laquelle il aspire, et qui doit être le prix de sa foi.

DUGHET (Gaspero).

20. Paysage historique. — *Toile; hauteur, cinquante-deux pouces; largeur, soixante-dix-neuf.*

Ce point de vue, dont les campagnes de Rome ont probablement fourni le dessin à Dughet, et que sa riche palette a embelli des couleurs du printemps, offre au spectateur, et presque à vue d'oiseau, une immense étendue de pays. Les plans lointains, parsemés de maisons, de villages, de taillis et de côteaux, se terminent à l'horizon par des montagnes. A l'avant-scène, se voient diverses figures peintes par le Cortone, les unes occupées aux cérémonies d'un sacrifice païen, les autres assistant à sa célébration.

Ce beau tableau ornait autrefois le palais Massimi, à Rome. Il est rare d'en rencontrer qui soient aussi capitaux et d'une aussi grande fraîcheur de coloris. Le sujet dont le Cortone s'est plû à l'enrichir en relève encore l'intérêt, et en fait un paysage historique.

21. Paysage. — *Toile; hauteur, vingt-six pouces; largeur, trente-quatre pouces neuf lignes.*

Ce tableau n'étant animé par aucunes figures, on a eu l'idée que ce pouvait être une de ces études achevées, faites d'après nature, et dont les auteurs refusent assez ordinairement de se démunir. Nul doute, du reste, que ce ne soit encore la peinture d'une vue prise dans les environs de Rome ou peut-être de Tivoli, ou l'on sait que le Gaspre avait une maison de campagne. C'est un de ces sites où la nature se montre sous un des plus beaux aspects.

Devant le spectateur s'ouvre un riant vallon, richement orné de masses d'arbres, et rafraîchi par une rivière dont une petite cascade égaye le cours, vers le milieu du tableau. Au-delà de cette rivière, derrière de beaux bouquets de verdure, s'élève une colline sur la crête de laquelle on distingue plusieurs fabriques; là se termine à main gauche, un des côtés du point de vue. De l'autre côté, les yeux parcourent encore plusieurs plans lointains, qui vont se confondre avec l'horizon, dans la vapeur blanchâtre d'une belle matinée.

GAROFILO (Benvenuto Tizio, *dit* Il).

22. La Nativité de Jésus. — *Bois; hauteur, dix-sept pouces six lignes, largeur, onze pouces trois lignes.*

Étendu par terre, sur un peu de linge, le nouveau-né dort paisiblement entre un ange et la vierge Marie, l'un est l'autre à genoux près de lui. L'ange tient un suaire et un couronne d'épines; Marie les mains jointes, les yeux fixés sur son divin fils, le contemple, l'adore, et fait céder les mouvemens de son cœur à la vénération dont son âme est pénétrée. Sur un nuage, dans la partie supérieure du tableau, est un chœur d'anges, tenant dans leurs mains une lance, une croix et tous les autres symboles des instrumens qui servirent à la passion du Christ. Saint Joseph debout, en arrière de son épouse, a le corps appuyé contre les ruines d'une antique édifice. Ses regards, arrêtés sur la couronne d'épines, expriment un triste pressentiment.

. Il y aurait beaucoup de choses à louer dans ce charmant tableau, si l'on n'en était dispensé par la réputation qui, depuis trois siècles, est attachée au nom de l'auteur. On fera seulement remarquer que Garofilo s'est plû à répéter le sujet de la naissance de Jésus, et qu'il en a presque toujours fait une composition mystique, propre à faire souvenir que le sauveur du genre humain naquit dans la pauvreté, et mourut par le supplice des criminels.

GENNARO (Ercole).

23. La mort de saint Sébastien. — *Toile ; hauteur, soixante-huit pouces ; largeur, soixante-un.*

Le corps du saint martyr, étendu par terre, est l'objet des soins religieux d'Irène, qui s'occupe avec sa suivante à en détacher les flèches. Ce tableau est de la première manière de l'auteur. Il y a du sentiment dans les têtes ; l'exécution atteste beaucoup de facilité.

GIORDANO (Luca).

24. Le couronnement d'épines. — *Toile ; hauteur, soixante-huit pouces ; largeur, soixante-huit.*

L'Homme-Dieu est représenté assis, un roseau à la main, et endurant avec une sublime résignation les souffrances que lui cause la couronne d'épines qu'un de ses bourreaux lui pose sur la tête.

Cette composition, où six figures sont en scène, les unes vues à mi-corps, les autres jusqu'aux genoux, est exécutée dans le goût du Titien. C'est à proprement parler, une pastiche, une de ces imitations libres où l'esprit et la main de Giordano surent prendre, avec une étonnante facilité, le caractère pittoresque de chacun des grands peintres qui l'avaient précédé (1).

GIULIO ROMANO. (Giulio Pipi, *dit.*)

25. L'Enfance de Jupiter. — *Bois ; hauteur, trente-neuf pouces* ; *largeur, soixante-six.*

Ce tableau a tenu un rang distingué parmi ceux qui composaient la fameuse collection des ducs d'Orléans,

---

(1) Une anecdote rapportée par d'Argenville et dont nous avons été à même de constater la vérité, prouve étonnamment jusqu'où pouvait aller Giordano, lorsque, travestissant en quelque sorte son talent, il le reproduisait sous les formes les plus propres à le faire méconnaître. Ce peintre faisait à Madrid, des pastiches qui trompaient les plus fins connaisseurs de ce temps-là. Un prieur de Chartreux, assez vain pour se croire plus de tact que n'en avaient les autres, le défie de contrefaire Albert Durer. Luca se met à l'ouvrage, peint un petit tableau dans la manière du célèbre Allemand, et le fait présenter au prieur. Celui-ci, l'ayant acheté 600 écus, plaida inutilement pour faire annuler le marché auquel sa méprise avait donné lieu. Cette pastiche, ou du moins une pastiche du même genre, faisait partie de la collection du comte de La Forêt.

M. S. Erard fit acheter *le Couronnement d'épines* en 1821, à la vente de la riche collection qu'avait formée M. le comte de La Forêt, pendant son ambassade en Espagne.

gravée sous le titre de *Galerie du Palais-Royal.* On le trouve cité dans l'*Abrégé de la vie des plus fameux peintres*, et décrit dans un catalogue (1) qui fut publié dès 1720, par Dubois de Saint-Gelais. Mais, quelque brillans que soient ces titres, ils lui impriment moins d'éclat et de valeur que les charmes que l'art même y a répandus. Jules Romain, partisant du grand style de Michel Ange, n'a pas toujours aussi complètement réussi dans les sujets qui demandent de la grâce et de l'aménité, témoin, entr'autres, son tableau de Vénus et Vulcain, qu'on voit au Musée Royal.

Dans une petite île tapissée de verdure, des nymphes réunies à des corybantes, prennent soin de l'enfance de Jupiter, que Rhéa, sa mère, leur a confié pour l'élever. Le jeune dieu, couché sur un linge dans un berceau formé de branches entrelacées, vient de fermer les yeux et de s'endormir. Deux des nymphes le couvrent d'un léger voile; une autre, au pied du berceau, se tourne vers trois de ses compagnes pour les avertir du sommeil de leur divin nourrisson. Ces dernières, assises à main gauche sur le bord de l'eau qui embrasse leur île, sont accompagnées de deux curètes, ou prêtres de Cybèle, et tiennent ainsi qu'eux, des instrumens dont elles font usage pour empêcher que les cris de l'enfant ne parviennent jusqu'aux oreilles de Saturne. A main droite, est un autre groupe composé de trois nym-

(1) Description des Tableaux du Palais-Royal, page 273.

phes assises sur la rive, et d'un jeune homme sonnant de la trompe.

A l'extrémité de la petite île, s'élève un bouquet d'arbres auxquels pendent en festons des vignes chargées de leurs fruits.

Le commerce, dans quelque pays que ce soit, ne fournirait vraisemblablement pas un second tableau de Jules-Romain, aussi authentique, aussi capital, aussi agréable que celui que nous venons de décrire; et cette dernière qualité nous semble d'autant plus précieuse ici, qu'elle n'est pas toujours le partage des productions de l'auteur, comme nous l'avons observé quelques lignes plus haut. Toutefois l'amabilité, la finesse et les autres agrémens qui plaisent dans ce tableau n'en ont exclu ni l'élévation, ni la sublimité; la symétrie même qui règne dans l'arrangement des figures, ne leur ôte ni la vie, ni l'action.

Ces figures, hautes à peu-près de 19 pouces, sont dessinées dans le goût de l'antique pour lequel Jules Romain avait une grande propension. Quant à la couleur, elle est d'une fraîcheur exquise, d'une vérité *titiennesque*, ce qui est encore ici une particularité remarquable.

GUERCINO (Giovanni-Francesco-Barbieri, *dit* Il.)

26. Agar renvoyée par Abraham. — *Toile; hauteur, soixante-trois pouces; largeur, soixante-douze.*

La servante d'Abraham, chargée de son petit bagage, se tourne une dernière fois vers son maître, et d'un œil aussi tendre que suppliant, semble lui demander la révocation d'un ordre qui la pénètre de douleur et de désespoir. Aux pieds de sa triste mère, est Ismaël qui se charge des provisions nécessaires à leurs premiers besoins. Sara et Isaac, placés derrière le patriarche, voient de sang-froid le départ d'Agar et de son fils. Toutes ces figures sont représentées en pied et de grandeur naturelle, toutes ont de l'expression.

Ce tableau n'est point un de ceux dont le coloris, noirâtre ou *caravagesque*, n'a rien de satisfaisant pour la vue. Loin de là, les teintes en sont fraîches et contribuent beaucoup au relief des figures; il est même évident que le Guerchin, à l'époque où il le peignait, mettait à profit les grandes leçons qu'il avait puisées dans les brillantes productions de l'école Vénitenne, et tendait à se rapprocher de la suavité des peintures du Guide.

GUIDO RÉNI.

27. Saint Joseph tenant l'enfant Jésus dans ses bras. — *Toile; hauteur, trente pouces; largeur, vingt-quatre.*

L'époux de Marie, représenté à mi-corps, regarde avec tendresse son fils adoptif, qui, répondant des yeux à l'affection du bon vieillard, touche de la main droite sa longue barbe, tandis que de la gauche il tient un bout de fil auquel est attaché un oiseau, qui prend son vol pour s'échapper.

Ces deux figures semblent vivre. On ne peut rendre avec plus de fidélité, ni la joie naïve qui donne tant de grâce au sourire de l'enfance, ni ce que ressent l'âme d'un père qui caresse un fils bien aimé.

28. David vainqueur de Goliath. — *Toile; hauteur, trente-cinq pouces neuf lignes; largeur, quarante-cinq pouces six lignes.*

Le jeune et vaillant berger est peint à mi-corps; il relève de la main droite un des pans du manteau qui lui couvre les épaules, de la main gauche il tient, posée sur un piédestal de pierre, l'énorme tête du trop orgueilleux géant dont il vient de triompher. Son attitude est celle du repos; la pensée est empreinte sur son front; il s'applaudit intérieurement de sa victoire, ou il réfléchit sur la puissance du dieu d'Israël. La grande épée de Goliath est appuyée contre le piédestal. Ces figures se détachent en partie sur un ciel clair, en partie sur les plans lointains d'un paysage. Celle de David a les dimensions ordinaires de la nature.

Un beau pinceau, une pose à la fois simple et noble, de l'éclat dans le coloris, telles sont les qualités qui recommandent ce tableau à l'attention des connaisseurs.

LIBERI.

29. Sujet tiré de la Mythologie. — *Toile; hauteur, soixante pouces; largeur, soixante-dix.*

Ce tableau, composé de trois figures, représente deux femmes dont l'une a des ailes et résiste à un homme qui la tient dans ses bras. Serait-ce Mnerve métamorphosant Coronis en corneille, pour la soustraire aux importunités de Neptune? Cela n'est pas vraisemblable, attendu qu'on ne représente pas Minerve avec une mèche de cheveux sur le front, symbole ordinaire de la fortune ou de l'occasion. Nous laissons à un autre Œdipe l'honneur d'expliquer ce sujet.

PALMA (Jacopo, *dit* Le Vieux).

30. La sainte Famille, accompagnée de sainte Elisabeth, de sainte Catherine, de Zacharie et du petit saint Jean-Baptiste. — *Bois; hauteur, cinquante-trois pouces six lignes; largeur, soixante-cinq pouces six lignes.*

Tous ces saints personnages, les deux enfans exceptés, sont assis à terre et rangés en ligne sur le devant d'un paysage. Cette disposition symétrique, reste du style ancien, était encore usitée par différens peintres de l'époque du vieux Palma, et souvent par lui-même. La Vierge est au milieu du tableau. A sa droite, on voit sainte Élisabeth sa cousine, et saint Joseph; à sa gauche, sainte Catherine et Zacharie. Ce vieillard soutient le petit saint Jean qui est agenouillé devant le fils de Marie. Celui-ci, debout sur les genoux de sa mère, saisit d'une main la croix du précurseur. Les deux figures d'Élisabeth et de Catherine sont un peu en arrière des autres.

Ce beau tableau est remarquable par la transparence et la vivacité des couleurs, l'union des teintes et le fini. Ces caractères sont ceux qui distinguent en général les productions du vieux Palme, peintre dont on confond quelquefois le nom avec celui de son neveu qui fut élève du Titien.

PARMIGIANINO (FRANCESCO MAZZUOLI, *dit* IL).

31. LA VIERGE ET SON FILS, AVEC PLUSIEURS AUTRES SAINTS PERSONNAGES. — *Bois; hauteur, vingt-huit pouces trois lignes; largeur, vingt-deux pouces six lignes.*

L'enfant Jésus, assis sur les genoux de sa mère, se prête, d'un air ditrait, aux caresses du petit saint Jean. Un vieillard, représenté un peu plus qu'en buste et le coude appuyé sur un livre ouvert, est à la gauche de Marie; à sa droite, est Madeleine tenant un vase à parfums; ses cheveux blonds flottent sur son sein. Quel est ce vieillard? Est-ce saint Joseph? est-ce un des prophètes qui ont annoncé la venue du Messie?

Un pareil tableau fait partie de la galerie de Florence, mais on sait qu'il est arrivé au Parmesan de répéter ses compositions. On a vu, au Louvre, deux tableaux de sa main tout-à-fait semblables; on connaît aussi plusieurs répétitions de son tableau représentant l'Amour qui taille son arc.

Dans celui dont on vient d'expliquer le sujet, le pinceau plaît doublement, et par ses touches vives et heureuses, et par son beau fini. Les figures charment davantage encore par leur grâce et leur élégance. Ces deux qualités, qui distinguent le style de Parmigianino, ont contribué à faire regarder ce peintre comme l'un des plus beaux génies de son temps.

32. Sainte Marguerite et autres saints personnages honorant Jésus et sa mère. — *Toile; hauteur, quatre-vingt-quatre pouces; largeur, cinquante-quatre.*

Sainte Marguerite, à genoux devant Jésus que la Vierge tient dans ses bras, mêle, aux caresses qu'elle fait à cet enfant, le sentiment d'une pieuse vénération. Auprès de l'heureuse Marguerite, à la gauche de Marie, sont placés un ange tenant une croix, et le solitaire Jérôme, l'un des plus ardens défenseurs de l'Église. A la droite de la Vierge, on voit un évêque dans l'attitude d'une personne qui est en adoration.

Une semblable peinture a fait partie de la galerie du Louvre. Les figures de la Vierge et de Marguerite y sont aussi sveltes que belles; les traits calmes de leurs visages expriment clairement la sérénité d'une âme pure. La tête de l'ange et celle de Jésus sont on ne peut plus gracieuses. On a remarqué que les personnages qu'embellit l'éclat de la jeunesse, sont ceux auxquels le Parmesan a particulièrement communiqué le charme inexprimable qui découlait de son pinceau. Cependant, les figures de l'évêque et du savant Jérôme, la première représentée dans la vigueur de l'âge, l'autre portant toutes les marques de la vieillesse, sont encore dignes d'éloges, et concourent à faire de ce tableau une image des quatre âges de la vie.

---

33. La Vierge et son fils. — *Bois; hauteur, seize pouces; largeur, douze.*

Marie, assise à côté du berceau de Jésus endormi, se livre au doux plaisir de le contempler.

Esquisse attestant une grande facilité d'exécution.

PERRIN del Vaga.

34. La sainte Famille, sainte Elisabeth et son fils. —*Bois; hauteur, trente pouces; larg., vingt-trois.*

La Vierge, debout, soutient l'enfant Jésus, auquel sainte Élisabeth présente le petit saint Jean. Les deux cousines voient avec satisfaction, dans la sympathie qui se manifeste entre ces deux enfans, les premiers signes de l'accomplissement des prédictions de Zacharie. La mère de ce dernier est assise par terre. Saint Joseph, un peu à l'écart, est accoudé sur un stylobate, et paraît méditer sur la scène dont il est témoin.

Toutes ces figures, que le peintre a placées au milieu d'un vieil édifice, sont d'un grand goût de dessin; elles rappellent aux connaisseurs la plus belle époque de l'art et tout à la fois la plus grande école de peinture des temps modernes. Marie, vue de profil, réunit aux attraits de la jeunesse le charme touchant d'une modeste simplicité. Dans sainte Élisabeth, on voit une femme déjà avancée en âge, mais conservant encore des traces de beauté. Dans les caresses innocentes de Jésus et de saint Jean, on aime à retrouver cette gentillesse, cette naïveté, qui donnent tant de grâce à l'enfance. Voilà, sans doute, un sujet bien simple, et cependant on le contemple avec plaisir, parce qu'il rend la nature avec une extrême fidélité.

PERUGIN.

35. L'ENFANT JÉSUS EXPOSÉ A LA VÉNÉRATION DE PLUSIEURS SAINTS PERSONNAGES. — *Bois; hauteur, soixante-quatorze pouces; largeur, quarante.*

Nouveau-né et couché par terre, le fils de l'homme est l'objet d'un grande vénération. Autour de lui sont agenouillés, et rangés en demi-cercle, la vierge Marie et son époux, le précurseur, saint Jérôme, saint Maurice, une autre figure qu'on croit être le portrait du donateur, et enfin trois anges ayant entre les mains des emblêmes de la passion. D'autres anges, supportés par un nuage au-dessus de la scène, célèbrent, par des hymnes, l'ineffable bienfait de la rédemption.

On ne peut disconvenir que la disposition des figures de ce tableau, ne se ressente beaucoup du style gothique des anciens maîtres. Il manque en outre de clair-obscur. Mais ces défauts, qui sont généralement ceux de l'époque où vivait l'auteur, se trouvent rachetés par des airs de tête pleins de vérité, par une grande propreté de pinceau et beaucoup de pureté dans le coloris. En définitive, c'est un tableau très-remarquable et très-rare.

PESARÈSE (Simone Cantarini, *dit* Il).

36. La Fuite en Egypte.— *Toile; hauteur, vingt-cinq pouces six lignes; largeur, quarante-un pouces.*

Accompagnée de huit anges qui l'escortent et veillent à ses besoins, la famille sainte vient de s'arrêter dans un lieu solitaire, pour se reposer et prendre un frugal repas. Déjà deux des célestes messagers étendent une nappe sur le gazon; pendant ce temps un troisième, suspendant son vol devant le fils de Marie, lui présente une branche de palmier. Les autres cueillent des fleurs et des fruits, ou sont occupés avec saint Joseph à débâter l'humble monture dont Marie se sert pour voyager.

C'est une agréable fiction que celle de ces enfans ailés qui servent de cortége à la sainte famille, veillent à ses besoins et s'empressent de la servir; beaucoup de peintres y ont eu recours avant le Pésarèse, et, comme lui, ont su faire d'un sujet simple par lui-même un sujet riant et flatteur.

PULIGO (Domenico).

37. La Vierge, l'enfant Jésus et saint Jean-Baptiste. — *Bois; trente-deux pouces; largeur, quarante-deux.*

Le coloris de ce tableau égale celui des meilleures productions d'André del Sarte; il charme en outre par l'air de noblesse et de dignité que Puligo a imprimé dans toute la personne de Marie. Cette figure est représentée jusqu'aux genoux, le regard abaissé sur le jeune précurseur. Celui-ci, placé à la droite de la Vierge, contemple son petit cousin qui est debout sur les genoux de sa mère.

Les ouvrages de Puligo rappellent dans beaucoup de parties ceux de Del Sarte, dont il fut, au dire des critiques les plus judicieux, non-seulement le meilleur élève, mais encore le plus fidèle imitateur.

RAFFAELLO-SANZIO.

38. La Vierge et son fils avec deux anges. — *Bois; hauteur, vingt-huit pouces; largeur, dix-neuf pouces six lignes.*

Raphaël sortait à peine de l'enfance qu'il était déjà grand peintre. Dans ses premiers ouvrages il imita Perugin, son maître; et alors presque tout leur devint commun en peinture; même dessin, mêmes airs de têtes, mêmes draperies, même ordonnnance et même coloris. Plus tard advint le contraire. Le Perugin resté fort au-dessous de son élève, qui avait pris un vol d'aigle, chercha à s'en rapprocher. Il résulte nécessairement de ces circonstances, que, parmi les productions de Raphaël, il y en a plusieurs qui diffèrent très-peu de celles de son maître. C'est dans cette classe qu'il faut ranger celle-ci, si l'on s'en rapporte à la marque qui s'y trouve à côté du millésime.

Du reste, c'est une peinture très-naïve qui charme par l'agrément des têtes, ainsi que par l'éclat du coloris.

Ce tableau a pour fond un paysage. Sur le devant

est un trône où la vierge Marie est représentée assise et portant son divin fils sur ses genoux. L'enfant tient de la main droite le voile de sa mère. Deux anges, l'un joignant les mains, l'autre croisant ses bras au-dessous de sa poitrine, sont debout aux deux côtés du trône. Dans leur posture ainsi que dans leurs traits se manifeste le sentiment de la profonde vénération que leur inspirent le Sauveur et sa mère.

39. Mise au tombeau. — *Toile; hauteur, soixante-cinq pouces; largeur, soixante-cinq.*

Si ce tableau était une répétition de Raphaël, comme le croient plusieurs connaisseurs, ce serait une peinture inestimable. Simple traduction faite par Jules Romain, d'après un ouvrage de son maître ce serait encore une chose infiniment précieuse. Ce qui sera évident pour tout le monde, c'est que la composition de ce tableau est sublime, que le sujet en est traité d'une manière éminemment judicieuse et savante; que le caractère de chaque personnage est parfaitement tracé, chaque action parfaitement juste; que de l'ensemble, de l'effet de la scène sort pour ainsi dire un accent de douleur si pathétique, que l'âme ne peut s'empêcher d'en être émue. Ce qu'enfin personne ne contestera, c'est que le dessin est d'une pureté qui rappelle les chefs-d'œuvre du ciseau grec.

Saint Jean et Nicodème, rendant les derniers devoirs à leur maître, et se disposant à le placer dans le sépulcre de pierre où il doit reposer jusqu'à sa résurrection, le soutiennent dans le linceul qui doit servir à l'envelopper. Derrière ce groupe sont représentées les saintes femmes qui assistèrent à la mort de Jésus. On reconnaît Madeleine à l'excès de sa douleur; elle est près du corps inanimé de l'homme juste et compatissant, de l'Homme-Dieu, auquel elle avait voué toutes ses pensées, toutes ses affections. Les autres femmes entourent la vierge Marie, qui s'évanouit dans leurs bras. Joseph d'Arimathie et un autre disciple sont témoins de cette funèbre cérémonie. On aperçoit dans le lointain le mont du Calvaire.

Qu'on nous permette de le répéter : ce tableau est sublime comme expression, comme dessin. Quelle sagesse, quelle simplicité dans une scène aussi terrible! et néanmoins avec quelle admirable vérité elle nous offre l'image de la vie, du respect, de la douleur et de la mort!

ROSSO (Il).

40. Le précurseur Jean baptisant Jésus fils de Marie. — *Bois ; hauteur, vingt-neuf pouces ; largeur, trente-cinq pouces six lignes.*

Jésus, depouillé de ses vêtemens et debout dans les eaux du Jourdain, reçoit le baptême des mains de Jean-Baptiste. Dans le haut du tableau est représenté l'Éternel apparaissant dans les airs sur de légers nuages; ce qui nous rappelle ces mots du Nouveau-Testament : « Comme Jésus sortait de l'eau, le ciel

« s'ouvrit et on entendit une voix qui dit : Vous êtes « mon fils bien-aimé, etc. »

On compte dans cette composition quatorze figures des deux sexes, dont les unes rappellent l'élégance du Parmesan, les autres le savant dessin de Michel-Ange.

SALVATORE ROSA.

41. PAYSAGE. — *Toile; hauteur, vingt-huit pouces; largeur, trente-six.*

A main droite, trois soldats causant ensemble sont réunis en un groupe sur le premier plan; un quatrième est sur le bord d'une rivière avec un batelier, qui par un geste indicatif de la main semble lui montrer deux autres personnages qui se reposent sur un monticule dominant le bord opposé. Des arbres dont plusieurs sont privés d'une partie de leurs branches, d'énormes rochers, des collines arides, un terrain inégal et sans apparence de culture; voilà ce que nous offre encore à notre droite ce paysage de Salvatore; à notre gauche, une rivière baigne et rafraîchit la campagne.

Salvatore, dans les différens genres de peinture qu'il a cultivés, n'a rien emprunté de ses devanciers ni de ses contemporains. Pinceau, coloris, invention, tout lui appartient dans ses tableaux; son style est l'expression de son propre génie. On a de sa main des paysages d'un aspect riant; mais ils sont rares; il était plus dans son goût de peindre des antres, des terrains bouleversés et stériles, d'âpres montagnes, des amas de rochers, des arbres dépouillés de leurs branches ou abattus, en un mot tout ce que la surface de la terre lui offrait d'extraordinaire ou de sauvage.

SCHEDONE (Bartolomeo).

42. La Nativité. — *Toile; hauteur, cinquante-sept pouces; largeur, quarante-cinq pouces neuf lignes.*

De tous les tableaux de Schedone que nous avons vus dans des cabinets d'amateurs, aucun, si nous avons bonne mémoire, ne peut être comparé à celui-ci pour la richesse de la composition. De plus c'est un de ceux où se montre, presque sans mélange, le style *corrégesque* qu'on admire dans certaines productions de l'auteur. Il y a dans la couleur de l'effet, de l'harmonie et une sorte de gravité. Les personnages, aussi variés dans leurs attitudes que dans leurs physionomies, concourent merveilleusement à l'unité d'action, c'est-à-dire, à cet accord de sentiment, de foi vive et d'humilité, à cet ordre, à ce pieux silence que commande le sujet.

Couché sur un peu de paille dans la crêche de l'étable où il vient de naître, le Messie est entouré de quatre vieux bergers, qui sont venus des campagnes de Béthléem pour lui faire des offrandes et l'adorer. A genoux aux deux cotés de la crêche, deux de ces hommes donnent à l'enfant divin le premier témoignage de la croyance religieuse qui est l'objet de son auguste mission. Les deux autres, encore debout, se disposent à lui offrir un agneau que l'un d'eux porte sur son dos. Pendant ce temps, la Vierge, assise près de son fils, lui soutient la tête de son bras gauche, veille sur lui et ne se rassasie point du plaisir de le contempler. Le petit saint Jean agenouillé en avant de la crêche et en face de Marie, paie aussi le tribut de sa vénération à celui qu'il est venu annoncer. A la porte de l'étable se présentent trois autres bergers, parmi lesquels est une jeune femme qui semble faire une question à saint Joseph. Quatre anges se voient encore dans le haut du tableau, et déploient une banderole portant ces mots sacrés : *Gloria in excelsis Deo !*

43. La sainte famille et le jeune saint Jean-Baptiste. — *Toile*; *hauteur, vingt pouces*; *largeur, dix-sept.*

Un tableau est doublement précieux quand à une extrême rareté il joint un grand nom et un mérite que personne ne peut contester. Cette remarque peut s'appliquer aux ouvrages de Schedone.

Celui-ci représente la Vierge, saint Joseph, l'enfant Jésus et saint Jean-Baptiste. Jésus, assis sur l'entablement d'un mur à hauteur d'appui, tient une croix dans ses bras, et prête l'oreille aux paroles du précurseur, qui est debout derrière lui. Marie et son époux, dont la partie inférieure du corps est cachée par le mur, sont tournés l'un vers l'autre et semblent se parler. Les traits de Marie respirent la candeur la plus parfaite ; dans saint Joseph est personnifiée la bonté même. C'est toute une famille pauvre, mais heureuse parce qu'elle jouit de la paix du cœur.

Cette charmante production de Schedone est une de celles où se manifestent clairement les études sérieuses qu'il avait faites d'après le Corrège. L'exécution en est facile et suave, le coloris d'une grande force; les figures réunissent une simplicité touchante à un agrément infini.

44. Votre sainte Famille. — *Cuivre forme ronde; diamètre, treize pouces six lignes.*

Saint Joseph et son épouse assis l'un à côté de l'autre, tiennent les deux extrémités d'un livre dans lequel ils font lire Jésus. L'enfant bien aimé, assis sur les genoux de sa mère, suit sa leçon du doigt avec beaucoup d'attention. Cette petite scène, tout-à-fait gracieuse, a lieu sur le devant d'un paysage. Il y a de la différence, quant au *faire*, entre ce tableau et les deux précédens.

SEBASTIANO DEL PIOMBO (Sebastiano Luciano, *dit.*)

45. Guérison miraculeuse opérée par la sainte Vierge. — *Toile; hauteur, quatre-vingt-seize pouces; largeur, soixante-douze.*

Pour comprendre ce tableau, il faut être au fait de la tradition suivante.

Deux époux bien unis et craignant Dieu avaient eu la douleur de perdre un enfant en bas âge, sur deux que le ciel leur avait accordés. Celui qu'ils conservaient, et qui était parvenu à l'adolescence, leur devenait de jour en jour plus cher; c'était un modèle de piété filiale; son cœur et son esprit étaient parfaits; il répandait le bonheur autour de lui. Hélas! une maladie grave survient, et la mort plane sur la tête d'un fils presque adoré.

Dans leur affliction, qu'il serait difficile d'exprimer, le père et la mère invoquent la sainte Vierge : « Fille des rois d'Israël, bienheureuse mère de Jésus, s'écrient-ils d'une voix fervente, abaisse un seul de tes regards sur cette victime innocente, afin qu'elle vive encore pour t'honorer. »

A peine cette courte prière s'est-elle élevée de leurs lèvres pures jusqu'au trône de Marie, qu'elle apparaît dans la chambre du malade, sous les traits et les vêtemens d'une religieuse de la charité très-renommée par ses bonnes œuvres, et opère une subite et miraculeuse guérison, qui change en actions de grâces les pleurs d'une famille dans le désespoir.

Dans le tableau dont cette tradition a fourni le sujet, la Vierge, suivie d'une jeune professe vêtue comme elle, est debout au pied du lit, et donne la main au jeune moribond. Celui-ci, qui soudain à pu se dresser sur son séant, est saisi d'un mouvement de reconnaissance et de foi, dont ses traits rendent vivement l'expression. Devant la Vierge est un enfant qui la contemple, les bras croisés sur la poitrine, avec cette quiétude que donnent la grâce et l'amour de Dieu. Au calme surnaturel de cet enfant, à l'auréole qui brille autour de sa tête, aux ailes qui percent à travers sa robe, on devine que c'est le frère du malade. Après avoir joint ses prières à celles de ses parens, il est descendu du ciel avec Marie pour être témoin du bienfait qui va rendre la paix à une famille que les jouisssances célestes ne lui ont point fait oublier. A la gauche du lit sont représentés le père et la mère du malade, qui expriment à celle qu'il regardent comme une simple religieuse, la gratitude mêlée de joie et de vénération dont ils sont pénétrés. On voit encore dans le fond du tableau deux autres personnages qui paraissent se manifester réciproquement la surprise que leur cause cette miraculeuse guérison.

Ce tableau était sur bois quand M. le chevalier Erard en fit l'acquisition; mais ce subjectile, que les vers avaient creusé dans tous les sens, ressemblait à une éponge, d'où la peinture, restée sans base dans beaucoup d'endroits, menaçait de se détacher. Force a été de l'enlever et de la transporter sur toile. Dire que cette opération a été faite par MM. Hacquin et Mortemart, son gendre, c'est en garantir la solidité.

TIZIANO (Tiziano Vecellio, *dit* Il).

46. Le denier de César. — *Toile*; *hauteur, quarante-trois pouces six lignes*; *largeur, trente pouces trois lignes.*

Les Pharisiens qui cherchaient à perdre Jésus, lui envoyèrent plusieurs de leurs disciples pour lui faire des questions captieuses. L'un de ceux-ci lui ayant demandé si l'on devait payer le tribut à César? Jésus lui répondit : « Montrez-moi une pièce de la monnaie que vous donnez pour tribut ; » puis, ayant amené cet homme audacieux à reconnaître que cette pièce portait l'effigie de César, il lui dit : « Rendez donc à Cé-« sar ce qui est à César, et à Dieu ce qui est à Dieu. »

Tel est le sujet de ce tableau.

L'auteur a représenté Jésus montrant le ciel avec le doigt, et devant lui l'interlocuteur qui lui fait voir la pièce de monnaie. Derrière Jésus est un autre Pharisien qui écoute sa réponse. La figure du Sauveur est imposante et belle ; celles de ses ennemis se ressentent de leur méchanceté. Ces personnages sont vus à mi-corps.

VÉRONÈSE (Paolo Caliari, *dit* Il).

47. La fuite en Égypte. — *Toile ; hauteur, vingt-six pouces ; largeur, vingt-deux.*

Montée sur un âne que Joseph mène par le licou, la vierge Marie puise dans les caresses qu'elle prodigue à son divin fils, la plus douce des voluptés. Audessus de la famille sainte, voltige un ange descendu du ciel pour la conduire et la protéger. Tableau d'un brillant coloris.

AUTEUR INCONNU.

48. La Cène. — *Toile ; hauteur, quarante-neuf pouces ; largeur, soixante-douze.*

Une vive agitation règne parmi les disciples de

Jésus ; ils se demandent : «Quel est donc celui d'entre nous qui doit trahir son maître » ? Pendant ce temps, le disciple bien-aimé, Jean, fils de Zébédé, dort paisiblement, la tête penchée sur la table et presque sur le sein de Jésus.

Ecole Espagnole.

JOANES (VINCENT).

49. JÉSUS-CHRIST REMETTANT A SAINT PIERRE LES CLÉS DU PARADIS ; figures de grandeur naturelle. — *Bois ; hauteur, cent neuf pouces ; largeur, soixante-trois.*

Le seigneur, debout au milieu de ses apôtres, et remettant à saint Pierre les clés du Paradis, est censé lui dire, ainsi que cela est rapporté par l'évangéliste saint Mathieu : « Tout ce que vous lierez sur la terre sera aussi lié dans les cieux ; et tout ce que vous délierez sur la terre sera aussi délié dans les cieux. »

Palamino Velasco, dans son *Musée de peinture*, ne se contente pas de donner à Vincent Joanes le titre de coryphée de l'école de Valence ; il va, tant il lui porte d'admiration, jusqu'à le comparer à Raphaël. Assurément il y a un grand fond de justice et de raison dans la haute opinion que l'écrivain espagnol manifeste en faveur de son compatriote ; mais sa comparaison ne peut lui avoir été inspirée que par l'amour de la patrie, sentiment quelquefois aveugle, mais toujours louable. Il est plus exact de dire de Joanes, qu'il a mérité une place très-honorable parmi les plus célèbres peintres de son pays ; et que l'ancienne école de Valence (école mi-romaine, miespagnole) lui dut de grands exemples à suivre, et par cela même une bonne partie de ses succès et de son illustration.

Le tableau qu'on vient de décrire est une preuve irrécusable des talens de cet artiste : dessin, draperies, caractères de tête, tout en est grand et dans le style des meilleurs peintres italiens du quinzième siècle. Aussi beaucoup d'amateurs très-éclairés l'ont-ils regardé, au premier coup-d'œil, les uns comme un ouvrage de Sébastien del Piombo, les autres comme un Fra-Bartolomeo. Le coloris plein de force et d'éclat de Joanes contribue beaucoup aussi à ces méprises, et les rend fort excusables. La disposition des figures est des plus simples ; elles sont toutes debout aux côtés ou en arrière de celle de Jésus, excepté celle de Pierre qui reçoit à genoux les clés que lui remet son maître ; toutes expriment l'attention et une retenue pleine de respect. La noblesse, la gravité, caractérisent le Sauveur.

Les ouvrages de Joanes sont si rares en France, si peu connus et pourtant si dignes de l'être, qu'on ne saurait trop recommander celui-ci à l'attention des personnes en qui restent encore quelques étincelles du noble amour des peintures historiques.

MURILLO (Barthlémy-Esteban).

50. La vierge Marie dans une gloire. — *Toile*; *hauteur*, *soixante-dix-sept pouces*; *largeur*, *quarante-quatre*.

Ce sujet, sur lequel l'imagination de Murillo s'est si

souvent exercée, et que les Espagnols ont coutume de désigner sous le titre de *conception*, est sans doute pour eux l'objet d'une dévotion toute particulière. La servante chérie du très-haut, la bienheureuse mère du Rédempteur, est représentée au milieu des airs, les pieds sur un croissant et soutenue par un léger nuage, autour duquel voltigent cinq anges tenant des roses, des lys et une palme, symboles des grâces de la Vierge, de sa pureté et de l'éternelle récompense qu'elle mérita par ses vertus. D'autres nuages sur lesquels reposent des esprits célestes que la présence de Marie remplit d'admiration et de respect, s'écartent autour d'elle comme pour ne nous rien dérober de sa gloire.

Cette composition est l'un des triomphes du sublime Murillo, qui s'est plû, comme on vient de le dire, à la répéter un grand nombre de fois. Les anges sont d'une fraîcheur d'exécution admirable. Le vague des fonds contribue puissamment à donner du relief et de l'éclat à la figure de Marie. Quelle est belle cette figure! qu'il y a de reconnaissance et de félicité dans l'expression de son regard, tourné vers les régions supérieures du firmament.

Cette page éloquente, où l'expression laconique du pinceau l'emporte sur la langue écrite, enlèvera, nous l'espérons, le suffrage de tous les amateurs.

51. La Nativité de Jésus.—*Toile; hauteur, soixante-dix-sept pouces ; largeur, quarante-quatre.*

A genoux au milieu de l'étable où elle vient de

donner le jour au Messie, la Vierge mère tient dans ses bras cet enfant de la volonté du Très-Haut, tout resplendissant de lumière, et le contemple avec la douce émotion d'une âme humble et ravie, où le respect s'unit à une tendre sollicitude. Saint Joseph, une lanterne à la main, s'avance du fond de l'étable et paraît ignorer le bonheur de son épouse. Cependant trois anges apparaissent au-dessus du Rédempteur, célèbrent le prodige de sa naissance, la gloire du Tout-Puissant, et les vertus de Marie. Un quatrième plane au-dessus des campagnes de Béthléem, réveille les bergers et leur annonce ce grand événement.

La lumière qui éclaire cette scène jaillit du corps même du nouveau-né ; pensée sublime du Corrège, qui est devenue, depuis lui, une sorte de précepte que les plus grands peintres se font depuis trois siècles un devoir d'observer. Quant au style, il est calme comme l'action principale ; l'effet, plus doux que piquant, appelle particulièrement les yeux sur le Sauveur et sa mère. La posture de celle-ci, son regard fixé sur l'être qu'elle vient de mettre au monde, expliquent les mouvemens de son âme. Dans le prodige de sa conception, dans son enfantement sans douleur, elle reconnaît une puissance divine, et cette puissance, elle l'adore dans ce fils qui est aussi l'objet de son amour.

VELASQUEZ (DON DIEGO RODRIGUEZ DE SILVA).

52. PORTRAIT ÉQUESTRE D'UN GÉNÉRAL. — *Toile ; hauteur, cent dix-huit pouces ; largeur, soixante-quatorze.*

Monté sur un cheval pie, courant au galop, un général d'armée tient de la main droite son bâton de commandant. Il est suivi d'un trompette auquel il a ordonné de faire entendre un signal. Dans les fonds, on aperçoit deux corps de troupes ennemies se livrant un rude combat.

Ce beau portrait mérite l'attention des connaisseurs. On y remarque la noble assurance et le sang-froid d'un chef courageux et prudent. Les figures du fond sont bien dessinées et pleines de mouvement.

53. PORTRAIT D'HOMME.— *Toile; hauteur, quarante-quatre pouces; largeur, trente-cinq.*

Ce portrait est celui de don Diego Rodriguez de Citray, fondateur des Carmélites à Bondilla.

On a peine à concevoir comment, avec si peu d'ombre et un fond clair, on peut produire autant de relief ; c'est là une des grandes difficultés de l'art. Velasquez a su la vaincre ; aussi que de fraîcheur et d'éclat dans ce portrait ! C'est de la chair, c'est la vie.

MAÎTRE INCONNU.

54. MADONE ENTOURÉE DE PLUSIEURS DÉVOTS PERSONNAGES.— *Cuivre ; hauteur, douze pouces deux lignes ; largeur, neuf pouces six lignes.*

Ce petit tableau est l'ouvrage d'un artiste espagnol, dont le nom est inconnu en France, mais qu'on suppose avoir vécu dans les commencemens du XVIIe siècle. L'exécution en est délicate, le coloris assez bon, mais l'ordonnance en paraîtra singulière à cause de la symétrie que l'auteur à pris à tâche d'y observer, et qui n'était cependant plus en usage de son temps. L'idée si commune de représenter la Vierge et son fils sur un trône, au milieu de plusieurs saints personnages, ne se perpétua guère après la mort de fra Bartolomeo, des hommes d'un rare génie étant venus effacer cette dernière trace de l'enfance de l'art.

Assise sur un trône, le front ceint d'une couronne d'or enrichie de pierreries, la vierge Marie tient de la main droite un globe surmonté de lys, et de la gauche une boule bleue surmontée d'une croix, emblême de la rédemption du genre humain. L'enfant Jésus vêtu d'une robe, est assis sur les genoux de sa mère et couronné comme elle; il bénit les fidèles qui l'honorent. Deux moines parvenus aux premières dignités de l'église, sont agenouillés aux côtés du trône; plus bas sont rangés huit clercs en surplis qui chantent des hymmes en l'honneur de Jésus et de Marie. Ces deux dernières figures sont tout-à-fait dans le goût des Cimabue et des Giotto.

Ecoles

HOLLANDAISE, FLAMANDE ET ALLEMANDE.

ALBERT DURER.

55. Hommage rendu au fils de Dieu.— *Bois*; *hauteur*, *trente-deux pouces huit lignes*; *largeur*, *vingt-cinq pouces trois lignes.*

Deux Mages, ayant chacun un vase d'or à la main, rendent hommage au Messie nouveau-né, et lui apportent de riches offrandes. Pendant ce temps la Vierge, les yeux baissés, soutient son fils sur ses genoux, et paraît être touchée des honneurs dont il est l'objet.

Albert Durer a parfaitement rendu le caractère de la Vierge. Dans l'expression qu'il lui a donnée se manifestent la candeur, la modestie, l'humilité, qui s'unissaient aux graces de Marie.

LE MÊME.

55 *bis.* La Salutation angélique et l'Adoration des bergers.— *Tableau à volets*; *bois*; *hauteur*, *neuf pouces*; *largeur*, *six*.

Dans le tableau principal, celui qui représente l'adoration des bergers, l'Enfant divin, dont les prophêtes avaient prédit la miraculeuse naissance, est couché par terre, sur le devant de la scène. La Vierge qui lui a donné le jour, saint Joseph et deux anges sont à genoux autour de lui. En arrière de ces personnages se voient quatre bergers (une femme et trois hommes), qui ont laissé à d'autres le soin de leurs troupeaux, pour venir adorer le Messie. Trois anges planant dans la partie supérieure du tableau sont censés célébrer par leurs chants l'accomplissement de la rédemption du genre humain.

Sur le volet attaché à la droite du tableau, se voit la vierge Marie à genoux. L'Esprit-Saint, sous la forme d'une colombe, étend ses ailes au-dessus de la bien aimée de Dieu, tandis que l'ange Gabriel lui annonce sa conception. Le céleste messager est représenté sur l'autre volet.

Ce tableau est doublement précieux, soit sous le rapport de l'art, soit sous celui de la rareté; l'exécution en est d'un fini dont on ne saurait trop s'étonner. Nous ferons observer à ce sujet que dans le quatorzième siècle les Allemands et les Flamands étaient beaucoup plus avancés dans le coloris et le travail du pinceau, que ne l'étaient à la même époque les Italiens, chez lesquels cet art avait été rapporté par les Grecs; car, quel que soit le mérite des ouvrages des Masaccio, des P. Uccello, des Fra Angelico, on ne peut se dissimuler que ces hommes ne soient restés, non seulement au-dessous des frères Van Eyck, qui cependant les avaient précédés, mais encore de Schoen et d'Hemmelinck, leurs contemporains.

ASSELEYN (Jean).

56. Vue d'un chemin souterrain. — *Toile; hauteur, vingt-cinq pouces; largeur, trente-cinq.*

Les premiers plans de ce tableau se composent d'un vaste souterrain creusé dans une montagne; au-delà, à main gauche, la vue est bornée par un bouquet d'arbres, tandis que du côté opposé elle se porte tout-à-coup sur les sommets bleuâtres de quelques monts lointains. Deux montagnards s'avancent avec quelques chèvres dans un petit chemin pratiqué sous cette voûte; un autre se repose près d'un pont de bois jeté sur un gouffre formé entre deux rocs par un courant d'eau.

Contemporain de Pierre de Laar et des frères Jean et André Both, Asseleyn fut aussi leur compagnon d'étude dans les campagnes de Rome, et, comme eux, s'est fait un nom célèbre dans l'histoire de la peinture.

On a écrit que ce fut à la vue de ses tableaux que les paysagistes hollandais commencèrent à sentir la nécessité de substituer des tons vagues et fuyans aux couleurs crues que leur avaient en quelque sorte léguées les Brill, les Breughel, et plusieurs autres de leurs devanciers.

57. Paysage. — *Toile; hauteur, dix-huit pouces; largeur, vingt-sept.*

Deux villageois, l'un à pied, l'autre assis sur le dos d'un bœuf, conduisent, à travers un large gué, un cheval de somme, un âne et quelques bestiaux. Un autre homme, vu par le dos, est assis sur le bord de l'eau. Un pont de quatre arches traverse la rivière. Au delà s'étend une vaste campagne.

Tous les paysages d'Asseleyn se recommandent par un beau pinceau et beaucoup d'harmonie.

BAKHUYSEN (Louis).

58. Les Bateaux de passage.—*Toile; hauteur, seize pouces; largeur vingt-un.*

A l'entrée d'une nuit orageuse, le ciel étant couvert de nuages chargés de pluie, un petit bateau, conduit par trois marins et portant trois passagères, vient de traverser l'embouchure d'un fleuve et d'aborder au lieu de sa destination. Tandis qu'un des marins, armé d'une gaffe, fixe la vacillante barque contre le rivage, un de ses camarades donne la main à une passagère, pour l'aider à mettre pied à terre. Les deux autres femmes, en attendant qu'on leur prête le même secours, se tiennent étroitement affublées, la tête basse et le dos au vent. Un second bateau de passage est tout près de toucher aussi le rivage. Un peu plus loin, un petit bâtiment de transport tâche, en louvoyant, de s'éloigner de la côte. A main droite, au-delà de la rivière, on distingue une jetée, un moulin à vent et plusieurs clochers.

Ce petit tableau est, à notre avis, une imitation fidèle de la nature, une image pleine d'intérêt et de poésie.

59. Marine. — *Toile; hauteur, trente-trois pouces neuf lignes; largeur, quarante-cinq pouces six lignes.*

Plusieurs barques voguent sur une mer houleuse et suivent des directions différentes. Les deux seules qu'on voie sur le premier plan sont peu distantes l'une de l'autre, et coupent la vague en pinçant le vent. Dans le lointain on remarque un vaisseau à l'ancre devant un rivage sablonneux, et plusieurs mâts de bateaux pêcheurs abrités par une jetée, sur laquelle est bâtie la maison d'un pilote.

Le coloris de ce tableau est celui de la nature pendant la première partie du jour ; il y a dans l'exécution plus de fermeté de pinceau que dans beaucoup d'autres ouvrages de l'auteur. Du reste, ce qui domine ici, c'est cette vérité, cette exactitude, cette perfection dans la forme et les agrès de chaque navire, cette imitation du mouvement, qui, si elles ne trompent pas tout-à-fait les yeux du spectateur, le transportent du moins en pensée sur un rivage, en pleine mer, ou parmi des matelots s'agitant sur un tillac au milieu d'un ouragan.

Aucun peintre n'a égalé Bakhuyzen pour la représentation des mers agitées ; peu ont usé avec autant d'intelligence que lui de ces oppositions heureuses commandées par des lois naturelles, qui font obtenir de grands effets sans qu'on s'éloigne en rien de la vérité.

BEGA (Corneille).

60. Les Amateurs de musique. — *Toile; hauteur, treize pouces; largeur, douze.*

Deux musiciens, d'un âge plus que mûr, paraissent occupés à solfier un morceau de chant noté sur une feuille volante, que l'un d'eux a dans les mains. Il ne manque, à côté de ces singuliers virtuoses, que des verres et quelques bouteilles, pour faire croire que l'intention du peintre a été de les représenter dans les vapeurs de l'ivresse, tant ils ont l'un et l'autre le visage enflammé. Il est vrai que l'amour de la musique est une passion qui a aussi, comme toutes les autres, son ivresse, ses transports, et même ses désordres; de là, apparemment, le visage animé et le dérangement des habits de ce musicien; de là encore la confusion qui se montre parmi les meubles de sa chambre, où les in-folios, les partitions sont entassés pêle-mêle sur une espèce de coffre, ou jetés sur le plancher à côté d'une tablette d'ardoise et d'une basse de viole.

Ce tableau est un des meilleurs ouvrages de Bega. Outre qu'il est d'un fini remarquable et d'une rare beauté de pinceau, il est exempt de cette monotonie, de ce manque de lumière, qui déparent si souvent les autres productions de cet auteur.

BERCHEM (Nicolas.)

61. Grande Chasse aux cerfs. — *Bois; hauteur, vingt-six pouces; largeur, trente-six.*

Trois hommes, qui payèrent un généreux tribut à

la peinture, et dont, à ce titre, les nomssont gravés dans l'histoire de cet art, parmi ceux des amateurs les plus distingués (1), ont successivement possédé ce beau tableau de Berchem. Nous allons transcrire la description qui en a été faite par Remy, dans le catalogue de Blondel de Gagny, publié en 1776.

« L'artiste a placé sur le premier plan, à droite, « une femme, des chevaux et des chiens; à gauche, « sur le même plan, deux femmes et deux hommes « sur des chevaux, un autre homme qui se dispose à « monter à cheval, des domestiques et des chiens; « sur un troisième plan, des hommes sont à cheval, « et des chiens chassent le cerf et la biche; dans « l'éloignement, encore des chasseurs qui poursui- « vent un cerf. Le point de vue du milieu est terminé « par des fabriques et des montagnes. A droite et à « gauche, des groupes d'arbres sur des plans diffé- « rens. On admire la richesse de la composition, « l'intelligence dans la distribution des groupes, la « bonté du dessin, la fonte de couleur, et la touche « délicate. Toutes les figures sont d'un bon choix « et dans des attitudes variées; elles semblent être « en mouvement. On trouve rarement un morceau « de cette conséquence, et c'est un des premiers de « ce cabinet. »

On retrouve la même description, à peu de chose près, dans le catalogue des peintures du beau cabinet de M. Clos. Mais que ces descriptions sont peu

---

(1) MM. Blondel de Gogny, Servat et Clos.

propres à donner une juste idée de l'admirable tableau qui en est l'objet! On peut en faire connaître la riche composition, l'ordonnance, les nombreux détails; mais on essaierait en vain d'en faire sentir autrement tout le mérite, qu'en le signalant comme l'un des plus beaux ouvrages de l'auteur. Quelle vivacité! quel esprit dans la touche! quel brillant coloris! que de variété et d'action dans les figures, et qu'elles rendent bien l'idée d'une grande chasse avec tout ce quelle produit d'amusement, de confusion et même de dangers!

Jacques Aliamet a gravé ce tableau sous le titre de *la Grande Chasse.*

62. Port de mer. — *Bois; hauteur, dix-sept pouces trois lignes; largeur, vingt-un pouces quatre lignes.*

Un gentilhomme hollandais et sa dame, tous deux à cheval et revenant de la chasse, se sont arrêtés sur le bord de la mer dans le voisinage d'un port. Un piqueur semble recevoir leurs ordres; et, pendant ce temps, un valet rassemble et accouple les chiens. Tout près de ces personnages est un villageois qui garde des bestiaux, et semble attendre le moment de les réunir à plusieurs autres déjà placés dans un bateau amarré au rivage. Sur la gauche du point de vue, des galères sont mouillées à l'entrée du port.

Pour être moins capital que celui dont on vient de donner la description, ce second tableau de Berchem n'en est pas moins une de ses plus intéressantes productions. L'arrangement des lignes, la disposition des groupes, des figures, des moindres accessoires, le choix des formes, la richesse de la composition, tout cela est pittoresque, d'un goût exquis, et très-propre à charmer les yeux les plus délicats.

63. Vue d'un port de mer du levant. — *Bois; hauteur, onze pouces neuf lignes; largeur, quinze pouces six lignes.*

A main droite, sur un plan reculé, de hautes falaises, dont la cime est protégée par un fort, offrent aux vaisseaux un abri sûr contre les vents de la pleine mer; au bas, sont mouillés des galères et autres navires de différens pays. Sur le premier plan, formé d'un quai où sont déposés des barriques, des caisses, des ballots et autres objets, une dame à cheval, un faucon sur le poing, s'entretient avec un négociant musulman. Derrière elle est un valet tenant la bride d'un cheval, tandis que le noble personnage qui le monte, cause, de son côté, avec un matelot grec. Trois travailleurs du port, l'un assis sur une caisse, les deux autres se reposant au pied d'une muraille, animent encore l'avant-scène de ce charmant tableau. Un peu plus loin, deux hommes conduisant une charrette remplie de marchandises, se dirigent vers une allége qui est en chargement.

Ce tableau a marqué parmi ceux qui composaient le riche et fameux cabinet du duc de Choiseul: cela seul suffit pour en faire sentir le mérite. Dunker et Daudet en ont gravé une petite estampe, qu'on voit dans le recueil de celles qui ont été faites d'après les tableaux de ce cabinet. Il y en a une autre du burin d'Aliamet, intitulée : *Vue d'un ancien port de Gênes.*

BERKHEYDE (GERRITS).

64. VUE DE LA GRANDE ÉGLISE DE HARLEM. — *Toile ; hauteur, dix-neuf pouces ; largeur, vingt-trois.*

Cet immense édifice occupe le milieu du point de vue. A droite et à gauche, s'étendent deux rangées de maisons bâties en briques, les pignons en avant. La place publique qu'elles bordent est vaste, bien pavée, et couverte çà et là de nombreux groupes de personnages des deux sexes et de différentes conditions.

Ce tableau, l'un des bons ouvrages de l'auteur, est aussi le portrait fidèle d'un endroit qui est à peu près le même aujourd'hui qu'au temps où Berkheyde s'est amusé à le peindre.

65. INTÉRIEUR D'UN TEMPLE PROTESTANT. — *Toile ; hauteur, quarante-quatre pouces ; largeur, trente-quatre pouces six lignes.*

Des écussons, des étendards, un orgue, une chaire à prêcher entourée d'une cloison en lambris, sont attachés aux murs et aux piliers de ce temple. Le ministre, chargé de le desservir, donne ses ordres à un fossoyeur, qui les reçoit avec soumission et le chapeau à la main.

BOTH (Jean).

66. Paysage. — *Toile; hauteur, trente-cinq pouces six lignes; largeur, quarante-un pouces six lignes.*

Un pont de trois arches, protégé aux extrémités par une porte à créneaux et une grosse tour, occupe à peu près le milieu du point de vue. Au-delà s'élèvent par degrés, devant l'horizon, deux collines et une longue chaîne de montagnes. Depuis le pont jusque sur le premier plan, le site se divise en deux grandes parties : l'une baignée par un fleuve, dont l'onde, calme et limpide, forme un miroir où se réfléchit la brillante clarté du firmament ; l'autre, composée d'un chemin qui, à partir du pont, passe derrière un grand bouquet d'arbres, et vient former l'avant-scène du tableau. Ici ont été placées, par André Both, plusieurs figures, dont l'exécution fait honneur à son pinceau. Elles représentent un villageois se reposant à l'ombre, un jeune garçon gardant une vache, et un autre homme causant avec un dessinateur. Ces deux derniers sont sur une petite levée de terre qui sépare la rivière du chemin.

Considéré sous le rapport de l'art, ce paysage est d'une grande beauté ; considéré comme point de vue seulement, l'œil le parcourrait encore avec plaisir. Le site est un de ceux que Both a dessinés en Italie, et qu'il a retracés dans presque tous ses tableaux. L'heure est prise vers le milieu d'une belle après-midi d'automne ; elle est indiquée avec beaucoup de vérité. Si ce n'est pas une illusion de nos sens, ou un effet de notre admiration pour les productions de Both, celle-ci égale en magie les merveilles de Claude Lorrain. Ceux qui n'adopteront pas entièrement cette opinion, conviendront, du moins, qu'il règne, dans le paysage dont il s'agit, une si parfaite entente de lumière, une dégration de plans si bien observée, une touche si facile et si spirituelle, des formes si élégantes, des détails si bien rendus, qu'il serait bien difficile d'en rencontrer un plus parfait.

67. PAYSAGE. — *Toile; hauteur, quarante-un pouces; largeur, quarante.*

Ce tableau est la représentation d'un site montagneux, vu en automne, au moment où le soleil colore les campagnes du feu de ses derniers rayons. Des plantes sauvages, des ronces et quelques arbustes croissant parmi des quartiers de rocher, couvrent tout le premier plan. Par-delà, sur un terrain un peu plus élevé et couronné de quelques arbres, passe une villageoise montée sur un mulet. Un piéton, son compagnon de route, la précède, un autre la suit en marchant à côté de sa propre monture. Plus loin, se voient des rochers coupés à pic, d'où jaillit une cascade. Des montagnes, se dessinant légèrement à travers les vapeurs jaunâtres de l'atmosphère, terminent le point de vue.

BRAUWER (ADRIEN).

8. INTÉRIEUR DE CABARET FLAMAND. — *Bois; hauteur, onze pouces dix lignes; largeur, douze pouces neuf lignes.*

Des paysans belges sont rassemblés dans un cabaret. L'un d'eux assis, le corps penché en avant, est occupé à charger sa pipe, à côté d'un camarade qui fait gravement filer la fumée de la sienne. Derrière ces deux hommes, on en voit deux autres de la figure la plus grotesque, qui chantent à tue-tête le bonheur de s'enivrer; l'un d'eux tient un verre de bière, l'autre a sa pipe à la main. Dans le fond du tableau, sont encore représentés trois rustres assis devant une cheminée, et un quatrième donnant à la servante du cabaret des témoignages de sa tendre affection. Un homme, appuyé contre un pilier, est probablement le maître du lieu, qui marque la dépense des buveurs.

Ce tableau, qui provient du cabinet de Wille, est un des bons ouvrages connus de Brauwer, et aussi l'un de ses plus capitaux. Ce n'est pas sans doute une image de la belle nature, une scène de salon, mais la nature telle que Brauwer avait coutume de la voir dans les cabarets, et rendue avec une étonnante vérité.

CHAMPAIGNE (PHILIPPE).

69. LES PÉLERINS D'EMMAUS. — *Toile; hauteur, soixante-dix-neuf pouces; largeur, quatre-vingt-trois.*

Si, parmi les hommes qui ont contribué à l'illustration de la peinture dans les siècles modernes, Philippe de Champaigne était moins connu pour être un de ceux qui ont mis le plus de conscience dans leur travail, on serait porté à croire qu'il a caressé ce tableau avec un amour tout particulier, tant il est frappant d'imitation et achevé dans toutes ses parties. Mais cette exécution si soignée, cette colorisation si extraordinaire, cette faculté de tromper les yeux en donnant à des choses peintes l'apparence de la réalité, tout cela nous étonne dans la plupart des ouvrages de Philippe de Champaigne. Celui-ci joint à ces grandes qualités tant d'éclat et une telle conservation, qu'il semble sortir des mains de l'auteur : il représente les pélerins d'Emmaüs.

Jésus-Christ est assis au milieu de la table, en face du spectateur. Ses traits sont calmes et nobles; dans ses regards élevés vers le ciel, brille un rayon de la divine majesté : c'est le moment où il bénit le pain. A cette action les deux disciples reconnaissent leur maître, et sont saisis d'autant de surprise que de vénération. Un valet est debout derrière Jésus, avec une assiette sous le bras; un autre, placé en avant de la table, se baisse pour relever un plat qui est à terre et dont il écarte un chat. A la gauche du tableau, est une échappée de vue donnant sur la campagne.

---

70. La vierge Marie et l'enfant Jésus représentés au milieu d'une gloire. — *Toile; hauteur, quarante-sept pouces neuf lignes; largeur, soixante-huit pouces six lignes.*

Assise sur un nuage, la bienheureuse vierge Marie soutient l'enfant Jésus, dont la main droite exprime par son action, qu'il est censé bénir les fidèles qui l'honorent et obéissent à sa divine loi. Les pieds de Jésus sont posés sur deux têtes ailées qui lui servent d'appui. D'autres esprits célestes, revêtus de la même forme, accompagnent la reine des cieux pendant son apparition, soit pour l'adorer, soit pour soulever avec leurs ailes le léger trône sur lequel elle est placée. Un neuvième chérubin voltige au-dessus du Sauveur et de sa mère, et déploie une banderole qui porte cette leçon de tous les temps et de tous les cultes : *Gloria in excelsis Deo!*

Ce tableau n'est inférieur au précédent, ni sous le rapport du fini, ni sous le rapport de la vérité; c'est encore la nature imitée avec toute la perfection imaginable.

71. Portrait d'homme. — *Toile; hauteur, vingt-huit pouces neuf lignes; largeur, vingt-deux pouces.*

Ce portrait est celui d'un homme d'église. Il est représenté à mi-corps, nu-tête, le visage de trois quarts, et la main droite posée sur son bréviaire. Son regard fixe et élevé indique une forte tension d'esprit.

La supériorité de talent que Philippe de Champaigne a déployée dans plusieurs genres de peinture, principalement dans les portraits où il a, pour ainsi dire, perpétué la glorieuse existence d'une multitude de personnes célèbres de son temps, nous dispense de faire l'éloge de celui-ci. Disons seulement que le pinceau de cet artiste si fidèle n'en a guère produit de plus parfaits.

CUYP (Albert).

72. Paysage.—*Bois; hauteur, dix-sept pouces neuf lignes; largeur, vingt-sept pouces trois lignes.*

Le soleil est aux trois quarts de sa course; les vapeurs qui s'étaient dissipées à son lever, retombent sur la campagne embellie du reflet de ses derniers rayons, et forment un léger brouillard dans lequel disparaissent les plans lointains, à mesure qu'ils approchent de l'horizon. Cependant la chaleur du jour se fait encore sentir; et le voyageur profite volontiers, ou d'un peu d'eau pour calmer sa soif, ou d'un ombrage frais pour se reposer. Voilà du moins ce que paraissent indiquer la couleur éclatante et dorée que Cuyp a donnée à son tableau, ainsi que plusieurs des figures dont il l'a enrichi.

Une femme, la houlette à la main, est debout dans un sentier, sur le premier plan; à quelques pas de là, à l'abri d'un monticule qui cache le milieu du point de vue, se reposent deux hommes, dont l'un a déposé un panier à côté de lui; un troisième puise de l'eau à une rivière pour se désaltérer. Sur le sommet du monticule est un pâtre gardant un troupeau de vaches et de brebis. A main droite, dans un chemin bordé de rocs taillés à pic et surmonté d'arbustes, s'avancent d'autres bergers qui ramènent leurs troupeaux des champs; à gauche, une rivière baigne et rafraîchit la campagne. Celle-ci est dominée par quelques arbres et un édifice tombé en ruines.

Tout est naïf, vrai, ravissant dans ce paysage; Cuyp n'a jamais mieux peint; jamais il n'a été plus coloriste.

73. Voyageurs à la porte d'une hotellerie.—*Bois; hauteur quatorze pouces; largeur vingt-un.*

Dans le tableau qui précède, la touche de Cuyp est franche, vive et empâtée; dans celui-ci elle se rapproche, par son moelleux, de celle de Philippe Wouwerman. Du reste, la couleur est dorée, la dégradation bien observée; l'œil croit mesurer une certaine étendue de pays.

Debout, à côté d'un cheval blanc, tout harnaché, qui lui sert de monture, et qu'un palefrenier fait boire dans un seau, un cavalier tient la bride d'un second cheval à poil bai clair, sans selle, et qu'il mène sans doute avec lui. Un autre cavalier, affourché sur un cheval brun, sort de dessous une grande porte qui paraît être celle d'une hôtellerie. Cette maison est à la gauche du tableau, la droite représente une vue de paysage. Deux chiens attendent le départ de leurs maîtres.

---

74. PORTRAIT D'HOMME.—*Bois; hauteur, trente-deux pouces; largeur, vingt-cinq.*

Ce personnage est représenté nu-tête, à mi-corps, avec une fraise sur un habit noir, et tenant ses gants de la main gauche. L'action de la droite, le mouvement de ses lèvres entr'ouvertes, portent à croire qu'il est censé parler à quelqu'un ou prononcer un discours.

Cuyp a fait preuve d'une grande habileté dans tous les genres de peinture. Ses portraits ne laissent rien à désirer; il s'est élevé au-dessus de tous les maîtres quand il a peint des intérieurs d'église; il rivalise avec Rachel Ruysch pour les fruits; dans ses paysages et ses marines il est l'égal du Lorrain.

DENNER (BALTHAZAR).

75. PORTRAIT D'HOMME. — *Toile; hauteur, vingt-six pouces; largeur, vingt-deux.*

Quand Denner, cet artiste pour l'ordinaire si laborieux et si patient, entreprit d'animer cette toile, il était dans un de ces heureux momens, dans un de ces momens de verve, où chaque coup de pinceau est une expression vive, un trait d'esprit, qui coulent de source. Ici, point de ces détails trop minutieux peut-être, quoique toujours surprenans, qui forment le caractère particulier du talent de l'auteur. Au lieu de ces signes de peine qui réfroidissent l'admiration, nous remarquons dans ce portrait une touche libre et hardie, un bel empâtement, une magie toute *rembranesque*. On dirait que cette naïve figure respire.

Suivant la tradition, elle nous offre les traits du père de Denner. C'est un vieillard à barbe et à cheveux blancs, représenté jusqu'aux hanches, la tête nue, le visage presque de profil, et dont un simple habit boutonné sur la poitrine compose tout le vêtement.

DOU (Gérard).

76. Portrait de l'auteur. — *Bois; hauteur, dix-sept pouces neuf lignes; largeur, quatorze pouces deux lignes.*

Ce beau portrait, qui est cité dans Descamps, appartenait du temps de cet écrivain à M. Voyer d'Argenson. C'est un des miracles de la peinture, tant le coloris en est vrai et le travail parfait. Il y a d'ailleurs dans cette figure tant de naturel, son regard fixe et préoccupé vous fascine tellement les yeux, que vous vous croyez devant un être doué de sentiment, devant le célèbre Gérard Dou lui-même, se montrant à la fenêtre de son atelier. En vérité, il ne manque à cette merveilleuse image de la nature vivante, qu'une étincelle du feu de Prométhée.

Cet artiste s'est peint à plusieurs époques de sa vie. Vous le voyez ici à l'âge de quarante à quarante-cinq ans. Il tient de la main gauche une palette et des pinceaux; de la droite, il tourne d'un air distrait, l'un des feuillets d'un livre posé sur l'appui de la fenêtre, et semble avoir suspendu son travail pour faire une courte lecture. Une toque bleue, un peu inclinée, couvre le sommet de sa tête; il a pour habillement une veste de soie couleur de feuille morte, que recouvre une robe de chambre sans manches et à petits galons d'or.

Si ce costume élégant et riche fut le costume habituel de Gérard Dou, il prouve, selon toute apparence, de deux choses l'une; ou que ce peintre ne se crut point au-dessous des grands seigneurs de son temps, ou qu'il pensa que le talent même, pour obtenir la considération de certains esprits, a besoin de s'appuyer sur des dehors imposans. On ne peut supposer qu'un homme de ce mérite ait aimé la toilette comme l'aime un petit-maître.

Les ornemens accessoires qui entourent ce beau portrait, sont variés et de bon goût; l'arrangement en est pittoresque; et là encore se trouve le prestige du pinceau. Un rideau cache une partie du vide de la fenêtre; au-dessous de l'appui est un bas-relief représentant une bacchanale d'enfans; un vase de terre contenant une plante d'œillets d'Inde en fleurs, accompagne agréablement la base de l'un des chambranles; devant l'autre, auquel est attachée une cage, jouent, dans tous les sens, les pampres d'une vigne garnie de ses feuilles. Cette sorte de fond plaisait beaucoup à Gérard Dou, et se trouve dans la plupart de ses tableaux.

En parlant de l'attention qu'il avait de garantir ses ouvrages de la poussière, on rapporte qu'il les peignait renfermé dans une cage de verre. Conte ridicule. La vérité est, comme le prouve ce tableau-ci, qu'il tenait un parasol attaché au-dessus de son chevalet, ce qui du moins empêchait que la poussière tombant d'en haut ne se mêlât à son travail. On a dit aussi de ce peintre non moins patient qu'habile, que des soins trop minutieux ont dû refroidir son génie. Il paraîtrait plus juste de penser qu'il a fait ce qu'il était dans son propre génie de faire, et que les précautions qu'on lui reproche étaient inséparables de cette délicatesse extrême, de cet inimitable fini, sur lesquels il avait résolu de se fonder un talent neuf et particulier.

77. L'Empirique.— *Bois; hauteur, onze pouces; largeur, huit.*

Une femme vient d'entrer dans le cabinet d'un médecin, et le consulte sur la maladie d'un enfant qu'elle tient dans ses bras. Un peu d'urine renfermée dans une phiole doit accuser la nature du mal, aux yeux perçans de l'Esculape moderne. Pour l'examiner au grand jour, il s'est approché de la fenêtre; et à la manière dont il tient la phiole, ainsi qu'au regard scrutateur qu'il porte sur l'être souffrant, il semble vouloir s'assurer de la justesse des pronostics qu'il a tirés de l'eau révélatrice.

Une ceinture rayée est négligemment jetée sur le bord de la fenêtre, et s'y groupe avec un livre ouvert, un bassin de cuivre, un clepsydre et la patente duement scellée du docteur. Celui-ci, coiffé d'une toque, est vêtu d'une robe à manches ouvertes, et d'un pourpoint à-demi fermé par un rang de boutons. L'air d'aisance qui règne autour de lui atteste, sinon son savoir, du moins la confiance qu'il a su inspirer.

Une partie des éloges bien sincères qu'on a donnés au beau tableau qui fait le sujet de la note précédente, retombe de droit sur celui-ci et le suivant; l'un et l'autre étant également remarquables par cette touche si délicate, cet extrême fini, cette perfection, car c'est là le mot, qui sont regardés comme le *nec plus ultra* de l'exécution pittoresque, et font de chaque ouvrage de l'inimitable Gérard Dou un véritable chef-d'œuvre.

78. La Souricière. — *Bois; hauteur, douze pouces; largeur, neuf.*

Ce tableau a pour fond l'entourage extérieur d'une petite fenêtre carrée, surmontée d'un cintre enrichi de sculpture, que couronnent des pampres de vignes. A cette fenêtre, se présente, d'un air enjoué, une jeune fille tenant et montrant de la main gauche une souricière que regarde, en alongeant le cou, un joli petit chat placé sous son bras droit. Un canard mort est suspendu par les pattes à l'un des chambranles; à l'autre est attachée une espèce de cage; sur l'appui sont posés un morceau d'étoffe et un pot d'étain renversé.

On a dit plus haut, au sujet de cette aimable production du pinceau de Gérard Dou, qu'elle a sa part dans le tribut d'éloges qu'on paie chaque jour à l'admirable talent de ce peintre.

DYCK (Antoine Van).

79. Le Baiser de Judas. — *Toile ; hauteur, quatre-vingt-dix-huit pouces ; largeur, quatre-vingt-quatre.*

On lit dans l'ouvrage de Descamps, tome XI, pag. 11 : « Van Dyck prit congé de Rubens après lui « avoir donné, pour marque de reconnaissance, un « *Ecce homo* et un autre tableau dont le sujet est « Notre-Seigneur dans le jardin des Oliviers; ce « dernier représente une nuit; tout y est éclairé aux « flambeaux ; il est d'une grande beauté. Rubens le « mit dans ses principaux appartemens, et ne cessait « de le louer. »

C'est cette représentation de *Notre-Seigneur au jardin des Oliviers pendant la nuit*, qu'on vient d'intituler *le Baiser de Judas*, afin que désormais elle soit désignée d'une manière plus précise qu'elle ne l'a été par Descamps. Tant que Rubens vécut, cette grande et belle page de peinture lui fut d'autant plus chère, qu'il était flatté d'y rencontrer une preuve constante des succès et de la noble gratitude d'un disciple auquel il portait le plus vif intérêt ; et ce fait l'a rendue doublement précieuse. Le maître s'y reflette à côté de l'élève ; on ne peut la regarder sans songer que les yeux de l'immortel Rubens s'y reposèrent mille et mille fois. Et puis, pour peu qu'on réfléchisse que Van Dyck employa la plus grande partie de sa vie à faire des portraits, on conviendra que l'acquisition d'un ouvrage aussi capital que celui-ci, est véritablement une bonne fortune. En effet, ce n'est pas seulement une grande composition où le caractère et l'expression de chaque figure sont parfaitement assortis à son rôle, c'est encore un ouvrage plein de verve, dont toutes les parties attestent que l'habilité de la main a parfaitement secondé le feu de l'imagination.

Van Dick a choisi l'instant où Judas se jette au cou de son maître pour l'embrasser. Ce baiser perfide était le signal auquel les satellites, envoyés par les prêtres et les pharisiens, devaient reconnaître Jésus et se saisir de sa personne. Ils sont donc représentés se précipitant autour du Sauveur, qui est censé dire au disciple infidèle, avec son calme et sa douceur ordinaires : « Est-ce ainsi que vous trahissez le fils de l'Homme par un baiser? » L'apôtre Pierre est représenté dans le moment où, cédant à son indignation, il assène un coup d'épée à un porteur de lanterne. Cet épisode, conforme à la vérité historique, est aussi une heureuse pensée, en ce qu'il fait contraster le zèle un peu trop ardent d'un serviteur dévoué, avec l'imposante tranquillité de son maître.

ELSHEYMER (Adam).

80. Stellé se moquant de Cérès. — *Cuivre*; *hauteur, dix pouces neuf lignes*; *largeur, huit pouces six lignes.*

Sujet tiré des Métamorphoses d'Ovide.

« Un jour, accablée de fatigue, brûlant de soif, ne

« trouvant aucune fontaine, aucune onde, dont elle « pût rafraîchir sa bouche altérée, Cérès apercut « enfin, par hasard, une cabane couverte de chaume; « elle frappe à la porte; une vieille en sort et donne « à la déesse qui lui demande de l'eau, un breuvage « agréable qu'elle vient de préparer. Tandis qu'elle « boit, un enfant audacieux s'arrête devant elle et « se moque de son avidité. »

« Cérès offensée répand sur l'insolent le reste de « la liqueur qu'elle n'avait point encore bu; le visage « de l'enfant se couvre aussitôt de petites taches, ses « bras descendent vers la terre pour lui servir de « jambes. Elle ajoute une queue à ses membres mé- « tamorphosés, les resserre et les rend d'une petitesse « extrême, pour qu'il n'ait pas la force de nuire. « Enfin elle en fait un lézard de la petite espèce. »

Le moment choisi par Elsheymer est celui où Stellé rit de l'avidité avec laquelle Cérès avale la liqueur que la vieille femme vient de lui présenter. Derrière la déesse est une torche allumée, posée sur un petit char renversé.

Ce tableau, dont il a été fait une estampe, est classé depuis long-temps parmi les meilleurs ouvrages d'Elsheymer.

EVERDINGEN (A.)

81. Chute d'eau. — *Toile; hauteur, soixante pouces; largeur, soixante-douze.*

Albert ou Aldert Van Everdingen est rangé parmi les grands peintres de marine. En France on ne connaît guère de sa main que l'espèce de tableaux dans lesquels il a représenté des vues du Nord. Il est assez vraisemblable qu'après un voyage qu'il fit sur les côtes de la Baltique, il se livra de préférence à ce dernier genre de peinture. Dans ce climat sauvage, où la nature n'offrait à ses yeux que torrens, chutes d'eau, amas de rochers, montagnes, sombres forêts de pins, son génie dut se trouver sous l'influence d'impressions assez fortes pour l'entraîner à les reproduire sur la toile. C'est un souvenir de ces lieux qu'Everdingen a retracé dans le tableau qui fait partie de la collection de M. le chevalier Erard.

Un torrent qui a creusé son lit à travers un sol aride et montueux, se précipite aux deux côtés d'une grande masse de rochers surmontés d'arbres sans feuilles, et forme une superbe et double cascade qui étonne la vue du spectateur. On dirait que ses eaux, heurtant avec violence les rocs et les troncs d'arbres qui embarrassent leur cours, jaillissent, écument, reviennent sur elles-mêmes, se divisent, se réunissent, fuient avec rapidité, et forment enfin cent jeux différens. Un terrain élevé, en partie soutenu par une digue formée de pieds d'arbres, contient sur leur rive droite les eaux de ce torrent. Au-dessus, se voient des bouquets de sapins, et plus loin, de hautes montagnes dont les cimes masquent l'horizon.

Un ciel brillant et pur, un air frais, des détails rendus avec toute la fidélité possible, cette couleur locale qui fait connaître au spectateur le lieu où le transporte l'illusion pittoresque, telles sont les qualités qui se présentent dans l'analyse de cet admirable tableau.

HELST (Bartholomée Vander.)

83. Portrait d'homme. — *Toile; hauteur, cinquante pouces; largeur, quarante-un.*

Le personnage dont ce portrait nous offre les traits, était ou magistrat ou ministre de l'église réformée, à en juger par son vêtement et sa gravité. Quoi qu'il en soit, il est représenté jusqu'aux genoux, nu-tête, vêtu de noir, et assis dans un fauteuil de velours cramoisi. Il tient ses gants de la main gauche et appuie la droite sur un des bras de son siége. Devant lui est une table couverte d'un tapis de velours de la même couleur que le fauteuil.

Telle est la vérité qui règne dans ce beau portrait, qu'il paraît difficile que l'art puisse jamais approcher plus près de la nature.

HEYDEN (Jacob Vander.)

84. Vue prise dans l'intérieur d'une ville. — *Bois; hauteur, dix-sept pouces; largeur, vingt.*

L'illusion est complète : il semble au spectateur que la nature même soit sous ses yeux; qu'il pourrait entrer dans cette église, se promener sur cette place ou y prendre l'air; et la sensation qu'il éprouve est le triomphe de l'art. Combien est heureux le peintre qui emprunte ainsi à la nature les prestiges de l'optique et du coloris, et la reproduit à nos yeux étonnés, non-seulement dans son ensemble, mais encore dans ses moindres détails.

Une façade d'église, ornée d'un petit portail d'architecture ionique, et percée de quatre grandes fenêtres sur chacune desquelles s'élève un toit fait en pointe, occupe le premier plan, à la gauche du tableau; du même côté et sur la même ligne est encore une rangée de maisons, dont les dernières forment avec d'autres, qui sont en face, une large rue où l'on remarque des arbres et plusieurs personnages. Devant l'église est une place spacieuse où deux bourgeois sont en causerie avec deux moines blancs. Un gentilhomme, décoré de son épée, et marchant à côté d'une servante chargée de deux corbeilles de provisions à l'achat desquelles il vient sans doute de présider, traverse la place et retourne à sa noble demeure. Une pauvre femme tenant un enfant dans ses bras, est assise sur les marches du portail où elle attend avec patience le denier de la charité. Plus près se voient encore cinq polissons jouant aux quilles. Il suffit de dire que toutes ces figures sont de la main d'Adrien Vander Velde, pour convaincre le connaisseur qu'elles sont d'un naturel exquis, et qu'aucun pinceau ne pouvait les exécuter avec plus de perfection.

Tous les tableaux de Vander Heyde sont des portraits fidèles. Celui-ci passe pour être une vue prise dans l'intérieur de la ville de Cologne. Nous n'en connaissons aucun qui agisse plus victorieusement sur la vue : c'est la nature réfléchie dans un miroir.

85. Vue de l'une des portes d'Amsterdam. — *Bois; hauteur, seize pouces; largeur, vingt-deux.*

Cette porte, qui est tout à la fois le principal objet et le terme du point de vue, est celle par où l'on sort d'Amsterdam pour se rendre à Leyde. En avant est un pont-levis, et, en-deçà de ce pont-levis, le chemin qui conduit à la dernière de ces deux villes. C'est sur ce chemin, fermé aux deux côtés par des barrières à hauteur d'appui, qu'Adrien Vander Velde a placé les jolies figures qui donnent de la vie aux premiers plans de ce tableau. On y remarque d'abord un seigneur hollandais en promenade avec une dame, et passant à côté d'un pauvre qui lui tend en vain son chapeau; puis un autre promeneur dont une malheureuse femme excite la charité. Plus loin se voient différens personnages, ou sortant de la ville, ou sur le point d'y entrer. Une grande plate-forme bien pavée et située à gauche, le long du chemin, est ornée de beaucoup d'autres figures, parmi lesquelles on distingue un valet tenant la bride d'un cheval qu'il fait courir devant son maître.

Ce second tableau, dû aux talens de deux des plus grands maîtres de l'art, est encore une imitation accomplie de la nature.

HOBBEMA.

86. Paysage. — *Toile; hauteur, trente-quatre pouces; largeur, quarante-trois.*

Pourquoi ce paysage, tout simple qu'il est, fait-il

éprouver une sensation aussi agréable que subite? Pourquoi appelle-t-il et attache-t-il ainsi le regard de l'amateur? C'est que l'effet n'en est pas ordinaire, quoiqu'il soit très-naturel. Ce coup de soleil, cette lumière vive et dorée, entourée de vigoureuses demi-teintes dans lesquelles elle se fond par degrés, produisent moins un contraste piquant qu'une sorte de clarté magique qu'il serait difficile à l'art de rendre avec plus de bonheur. Du reste, comme nous l'avons dit, ce tableau n'offre qu'un site de la plus grande simplicité.

Une route qui aboutit en ligne droite à quelques bouquets d'arbres, occupe les devans et une partie de la gauche du point de vue. Du côté opposé, un petit canal sépare ce chemin d'un parterre bordé d'une double rangée d'ormes, à travers lesquels on aperçoit une maison de plaisance. C'est sur cette maison, ainsi que sur les arbres et le terrain au milieu desquels elle est placée, que tombe le rayon de soleil qui donne à ce paysage un charme tout particulier. Quelques figures (ouvriers et promeneurs) animent cette partie du tableau; sur la route se voient des piétons, des cavaliers et un carosse attelé de deux chevaux.

L'extrême rareté des ouvrages d'Hobbéma, on pourrait presque dire l'impossibilité de s'en procurer, nous obligent d'appeler sur celui-ci l'attention des amateurs.

---

86 *bis*. PAYSAGE. — *Bois ; hauteur, vingt-deux pouces ; largeur, trente-un.*

Le point de vue est divisé en deux parties par un large sentier. Celle qui est à la droite du spectateur est occupée par de grands chênes qui masquent de ce côté la campagne, et dont le branchage épais et sombre se détache en vigueur sur un ciel nuageux. Dans la partie opposée, vers le second plan, on remarque des habitations rustiques entourées d'arbres. Un coup de soleil frappe sur ces maisons et sur les objets qui les entourent ; et c'est de cette lumière éclatante que résulte tout l'effet du tableau. Sur le premier plan, s'étend une grande ombre tempérée par le jour qui tombe du ciel.

Hobbema s'est principalement appliqué à la magie du coloris, et l'a portée si loin dans un grand nombre de ses ouvrages, qu'en les voyant il semble que la peinture ait disparu pour faire place à la nature. A cette magie s'unit toujours une vigueur, un abandon, une originalité de pinceau, qui décèlent le peintre créateur de son style, et qui n'a eu de maîtres que la nature et son génie.

HOOCH (PIERRE DE).

87. CONVERSATION HOLLANDAISE. — *Toile ; hauteur, dix-huit pouces neuf lignes ; largeur, dix-sept pouces deux lignes.*

Le titre de conversation, depuis long-temps usité dans les catalogues, se donnent indistinctement à des assemblées de famille et à des réunions galantes. C'est un sujet de cette dernière espèce que nous voyons dans ce tableau de De Hooch. Il se compose de sept personnes, hommes et femmes, tous élégamment vêtus et rassemblés dans une chambre à coucher.

Assise à une table couverte d'un tapis, une des dames de cette société fait une partie de cartes avec son cavalier. Une autre femme, debout, présente au sien un verre de vin, et reçoit en retour un regard tout-à-fait obligeant. Pendant ce temps, un troisième couple, qu'on voit par le dos, au-delà de la table, examine une carte géographique attachée à la muraille. Reste un quatrième homme, qui, n'ayant point à qui parler, fume sa pipe en regardant les joueurs.

Une grande fenêtre répand beaucoup de lumière sur toute la scène.

HUYSUM (Jean Van).

88. Bouquet de fleurs. — *Bois; hauteur, vingt-neuf pouces; largeur, vingt-deux pouces quatre lignes.*

Ces fleurs, images parfaites de celles de nos parterres, sont groupées dans un vase de terre jaune, orné d'un bas-relief représentant des jeux d'enfans.

Il y a un choix, un arrangement, des règles à observer dans la représentation des fleurs, comme dans celle de tous les autres objets dont la peinture enrichit sans cesse son vaste et brillant domaine. C'est ce que J. Van Huysum paraît avoir mieux compris qu'aucun autre peintre hollandais. Dans ce bouquet, où brillent la rose rouge et blanche, l'élégante tige de rose trémière, la délicate tulipe, l'iris, l'œillet, le volumineux pavot, la jacinthe double, l'oreille d'ours panachée, et beaucoup d'autres fleurs de différentes espèces, il est évident que la disposition des couleurs et de leurs nuances n'est point un effet du hasard; mais une combinaison ayant pour but de produire, ici un doux accord, là un piquant contraste, et par-dessus tout un ensemble flatteur. Ces humbles fleurettes des champs ne sont peut-être pas là non plus sans motif. Simples et sans éclat, elles font valoir la beauté privilégiée de leurs sœurs.

A un arrangement plein de goût, à toute la vérité possible, s'unit ici l'exécution la plus admirable.

JARDIN (Karel du).

89. Paysage. — *Bois; hauteur, dix pouces; largeur, treize.*

Une vallée inculte, marécageuse et baignée de lagunes; au-delà, des côteaux arides, des monts gigantesques, les uns teints de la couleur azurée du firmament, les autres colorés par la mourante clarté du soleil couchant; voilà, avec quelques figurines, tout le tableau dont nous avons à parler dans cet article. Néanmoins, ce tableau frappe les regards et les attache, parce qu'à sa nudité s'unit quelque chose de grand. En effet, ces énormes masses de rochers perpendiculaires, ces hautes montagnes au front chenu, qui apparaissent comme de majestueux colosses, entourés des vapeurs de l'atmosphère, sont l'image d'une nature imposante à laquelle tous les yeux ne sont pas accoutumés. Assurément un tel point de vue ressemblerait à une contrée neuve, ou plutôt à une vallée déserte, si Karel ne l'eût animé par quelques figures. Ici, c'est une femme qui mène un enfant par la main; là, ce sont des vaches qui se reposent sur une pointe de terre, où l'on remarque à peine quelques indices de végétation; plus loin, viennent à la file, à travers un gué, cinq vaches suivies de leurs conducteurs.

Peindre un espace de plusieurs lieues, sur un panneau d'un pied carré; donner de l'intérêt à un pays aride, c'était une double difficulté que le pinceau de Du Jardin a complètement vaincue.

90. Paysage pastoral. — *Bois; hauteur, douze pouces; largeur, seize.*

Une paysanne gardant un troupeau de sept à huit brebis, amuse son enfant en lui montrant un petit chien qu'elle fait tenir droit sur ses pattes de derrière. La posture inusitée du docile animal excite l'attention de l'enfant, et paraît lui causer quelqu'étonnement.

Pour composer ces tableaux délicieux que l'amateur paie si cher maintenant, et qu'il lui est si difficile, malgré cela, de se procurer, les peintres hollandais ne se sont point creusé l'esprit. La moindre scène, les choses les plus ordinaires de la vie, les objets qu'on voit le plus souvent, devenaient pour eux des sujets. Mais ces sujets si simples, si naïfs, si communs, avec quel art ils ont su les rendre! Les connaisseurs, en tout pays, paraissent s'en tenir à cette maxime : « Excepté ce qui déplaît à la vue, peignez tout ce que vous voudrez; mais peignez-le bien. » Cette femme, cet enfant, qui s'amusent d'un petit chien, ces brebis pressées l'une contre l'autre, ce peu de paysage; ce sont là des choses qu'on ne regarde pas dans la nature, mais qui plaisent dans le tableau de Karel du Jardin, parce qu'elles sont rendues avec tant de vérité, que ce n'est pas de la peinture, mais une espèce de prodige.

91. Le passage du gué. — *Bois; hauteur, dix-neuf pouces; largeur, dix-sept.*

A l'avant-scène, un homme marchant à côté d'un mulet qu'il conduit, vient de sortir d'un gué que traverse une villageoise avec son âne et cinq ou six moutons. Au-delà du gué, en regardant à gauche, on voit plusieurs bouquets d'arbres touffus qui opposent leur sombre branchage à la clarté d'un beau ciel. Du côté opposé s'étend un vaste lointain.

On admire ici, comme dans les deux précédens paysages, ce pinceau suave, spirituel et vrai qui est le cachet de toutes les productions du célèbre Du Jardin.

LAIRESSE (Gérard de).

92. Sujet historique. — *Toile; hauteur, trente-six pouces; largeur, vingt-sept.*

Un jeune homme assis près d'une table couverte d'un riche tapis, et sur laquelle sa main gauche est appuyée, fait un récit qu'une belle femme et deux de ses serviteurs placés derrière elle, écoutent avec une profonde attention. Tout près du narrateur et un peu en arrière, est un autre homme coiffé d'un bonnet phrygien. Un pavé de marbre, des murs décorés de pilastres et de tentures, indiquent que cette action se passe dans l'intérieur d'un palais. Mais quelle est cette action, en quel temps, en quel pays se passe-t-elle? nous l'ignorons. Est-ce une entrevue de Marc-Antoine et Cléopâtre? La richesse du lieu porterait à le croire, si le raconteur était moins jeune, et la femme qui l'écoute moins âgée.

Si l'on ne peut dire ce que représente ce tableau, on peut du moins affirmer qu'il est du meilleur temps et de la meilleure manière de Lairesse.

METZU (Gabriel).

93. Jeune dame a sa toilette. — *Bois; hauteur, vingt-trois pouces sept lignes; largeur, vingt-un pouces.*

Le fond de ce ravissant et précieux tableau, où Metzu a déployé toutes les ressources de son beau talent, représente une petite chambre à coucher, dont l'ameublement consiste en un lit à rideaux, un grand coffre contre lequel un violoncelle est appuyé, un coussin de point de Turquie posé sur un tabouret, et une table placée contre une fenêtre en partie ouverte, et en partie masquée par un grand rideau. Devant cette table est assise la dame qui s'occupe de sa toilette. C'est une jeune blonde dont une vieille gouvernante peigne les cheveux. A l'air avec lequel elle se regarde dans son miroir, on ne peut douter du plaisir qu'elle ressent à lui faire dire qu'elle est aussi fraîche que jolie. Il n'en dirait point autant à la duègne dant la peau brune et ridée, la mine revêche, forment un si grand contraste avec le sourire et l'éclat de sa maîtresse, avec ses joues rosées et bien arrondies; avec ce sein à-demi nu dont un corset incarnat fait encore ressortir la blancheur. Un petit peignoir de batiste jeté sur ce corset, un jupon de soie jaune citron, complètent le négligé de la charmante Hollandaise. Un plat d'argent relevé en bosse, un écrin d'écaille, une petit bouteille, sont posés sur un linge blanc recouvrant le tapis de la table.

Ce tableau provient d'un cabinet qu'avait formé un amateur de Bruxelles (feu M. Corneille-Louis Reynders), et qui fut vendu en 1821.

MIEL (Le chevalier Jean).

94. La sainte Famille. — *Toile; hauteur, onze pouces dix lignes; largeur, neuf pouces six lignes.*

Le Sauveur, âgé d'environ quatre ans, voyage à pied entre la Vierge et saint Joseph, qui le mènent l'un et l'autre par la main. Ses regards tournés vers sa mère semblent indiquer qu'il lui fait part des sons mélodieux qui frappent ses oreilles, et qu'il lui en demande la cause. Des anges descendus avec la cour céleste dans les basses régions de l'air, forment en effet un saint concert. Le père éternel, son fils et l'Esprit-Saint, ont les yeux fixés sur Jésus.

On ne connaît point de petit tableau de piété qui soit plus agréable que celui-ci, et qui réunisse plus de qualités. Il y a de la dignité et de la simplicité; le coloris en est séduisant, le dessin gracieux, l'exécution suave, délicate et du meilleur goût. C'est l'ouvrage, on ne peut s'y méprendre, d'une main également habile à peindre l'histoire et les sujets de genre : tel fut en effet le double talent de Jean Miel. A Rome, on le vit exécuter des fresques et des tableaux d'autel, dont plusieurs existent encore et témoignent en faveur de son génie. En Piémont, où l'avait appelé Charles Emmanuel, duc de Savoie, qui le nomma son premier peintre, et le fit chevalier de l'ordre de St-Maurice, il surprend tout à-la-fois par la hardiesse, la beauté et la fécondité de son pinceau. Mais la gloire de cet artiste si favorisé de la nature, est principalement fondée sur les nombreux tableaux de chevalet dont il a enrichi les cabinets des amateurs.

MIERIS (François).

95 Musicienne étudiant un morceau de chant. — *Bois; hauteur, huit pouces; largeur, six pouces huit lignes.*

Une dame hollandaise, vêtue d'une robe de satin feuille-morte, sans fichu ni coiffure, tient à deux mains un cahier de musique sur lequel ses yeux sont fixés, et paraît solfier ou chanter. Une mandoline est placée devant elle, sur une table ornée de sculpture et à moitié recouverte d'un tapis en point de Turquie.

Descamps, dans son ouvrage sur les peintres flamands, allemands et hollandais, dit positivement que F. Mieris a surpassé son maître, le célèbre Gérard Dou. Cette opinion est loin d'être générale, mais de tous les artistes hollandais qui ont suivi les leçons de ce dernier, F. Mieris est celui qui mérite la palme. Il a atteint dans son exécution le plus haut degré de fini possible.

MILÉ (Jean-Francisque).

96. Paysage historique. — *Toile*; *hauteur, trente-cinq pouces*; *largeur, quarante-sept pouces six lignes.*

Jean-Francisque Milé, le premier de ce nom dans l'histoire de la peinture, est souvent appelé le *bon* Milé. Par cette épithète on a voulu le distinguer de deux de ses fils et d'un petit-fils, qui, sans avoir hérité de l'excellence de ses talens, comme ils avaient hérité d'un nom qu'il avait illustré, passèrent néanmoins de leur vivant pour des paysagistes habiles, et furent faits académiciens. Leurs ouvrages sont maintenant délaissés, même peu connus; tandis que ceux de leur père, toujours estimés et recherchés des gens de goût, sont considérés par les professeurs de l'art comme de beaux exemples de composition. A dire vrai, on ne voit rien de la main du *bon* Francisque qui ne soit marqué du sceau des grandes conceptions. Des sites imposans, une nature majestueuse, un style élevé, font de chacun de ses paysages un théâtre propre aux sujets héroïques : le Poussin même, dont les sublimes productions l'avaient inspiré, n'est pas toujours au-dessus de lui.

Le sujet que Francisque a introduit dans ce beau paysage est tiré du Nouveau Testament : c'est celui de la Cananéenne suppliant Jésus de guérir sa fille qui était possédée du démon. Suivant le texte sacré, Jésus ayant dit à cette femme, qui s'était jetée à ses pieds, en le conjurant d'avoir pitié d'elle. « Il n'est pas juste de prendre le pain des enfans pour le jeter aux chiens. » La Cananéenne lui répliqua : « Il est vrai, Seigneur, mais les chiens mangent les miettes qui tombent de la table de leurs maîtres. » Réponse touchante qui montrait sa foi, et lui valut la guérison de sa fille.

Jésus est représenté au milieu d'un chemin avec cinq de ses disciples. Il étend la main droite vers la Cananéenne qui est à genoux devant lui. Une montagne, des édifices antiques, une rivière, composent à gauche le fond du tableau. Du côté opposé, vers le second plan, s'élève une colline dont la pente douce présente un chemin sinueux ombragé çà et là par de beaux arbres.

MINDER HOUT.

97. Marine.—*Toile ; hauteur, soixante pouces ; largeur, quatre-vingt-quatre.*

Ce tableau représente un vaste port rempli de

vaisseaux de guerre et de navires de commerce. Un de ces vaisseaux, les voiles déployées, annonce ou son arrivée ou son départ par plusieurs coups de canon ; d'autres sont désarmés ou en carène. Au premier plan est un quai où sont rassemblés des marins et des promeneurs.

98. Port de mer. — *Toile*; *hauteur, soixante pouces*; *largeur, quatre-vingt-quatre.*

Sur un quai, à l'avant-scène du tableau, un gentilhomme en manteau rouge donne ses ordres à deux marins placés à côté d'objets qu'ils viennent de débarquer. A ce quai, et un peu plus loin au pied d'un rocher surmonté d'une tour, sont amarrés plusieurs navires; d'autres entrent dans le port et tirent le canon par forme de salut.

Les marines de Minder Hout sont assez rares. Celles-ci, par leur bel aspect et leur grande dimension, orneraient convenablement les hauts d'une galerie.

MOMERS (Henri).

99. Paysage pastoral. — *Bois* ; *hauteur, vingt pouces* ; *largeur, vingt-neuf.*

Un jeune mendiant se réconforte d'une tasse de lait qu'il vient d'obtenir de la charité d'une paysanne gardant un petit troupeau de chèvres et de brebis. Près de cet enfant est un vieillard, nu-tête et appuyé sur son bâton, qui paraît attendre le même secours. Le paysage représente une chaîne de montagnes situées sur le bord de la mer.

Ce tableau est un de ceux où Momers suit de près les traces des meilleurs peintres d'animaux.

MOUCHERON (Frédéric).

100. Paysage. — *Hauteur, vingt-quatre pouces; largeur, trente.*

A droite, une rivière bordée de coteaux couverts d'arbres, remonte en serpentant vers un lointain parsemé de fabriques et terminé par des montagnes. Du côté opposé s'élèvent, par bouquets, des arbres d'un feuillé léger, et plantés aux deux bords d'un chemin où frappent les rayons du soleil. Des figures humaines, des animaux, enrichissent cette partie du tableau, et l'éclat dont elle brille, forme avec l'ombre répandue sur le premier plan, la plus heureuse opposition.

Ces figures sont du meilleur *faire* d'Adrien Vander Velde. Pour le paysage, il est si supérieur à tous ceux de Moucheron qui nous sont connus, que nous ne craignons pas de l'égaler aux plus beaux ouvrages de J. Both. L'instant choisi par le peintre est celui d'une belle soirée d'été.

Ce tableau, qui provient du charmant cabinet de M. Clos, en était, sans contredit, l'un des principaux ornemens.

NEER (A. Vander).

101. Paysage avec effet de lune. — *Toile; hauteur, quarante-quatre pouces; largeur, cinquante-six.*

Au jour prêt à s'éteindre se mêle la naissante clarté

de la lune, dont le disque argenté, apparaissant à travers un amas de nuages, vient de franchir l'horizon. Telle est l'espèce de lumière que Vander Neer a voulu répandre sur ce beau tableau : lumière douce dans les endroits qu'elle peut atteindre, mais vague et participant de l'obscurité de la nuit, dans ceux où quelques ombrages l'empêchent de pénétrer.

Quant au site, il est de la nature de tous ceux que l'auteur a pris plaisir à représenter : c'est une plaine marécageuse, bordée à main gauche par de riches habitations, et terminée à droite par des arbres, entre lesquels on aperçoit quelques maisons rustiques et un clocher. Un petit enclos, plusieurs chemins, beaucoup d'arbres, des mares, une rivière sur laquelle on distingue plusieurs barques vers l'horizon, baignent, divisent et enrichissent toutes les autres parties du point de vue.

De tous les ouvrages de Vander Neer qui ont excité l'admiration, celui-ci n'est pas seulement le plus capital; c'est encore l'un des mieux peints, des plus extraordinaires et des plus parfaits ; c'est une de ces pages remplies d'entousiasme, où il arrive parfois à l'homme de génie de se surpasser. Du reste, quel autre que Vander Neer a jamais rendu, d'une manière aussi frappante, ce mélange difficile de deux lumières différentes, unies aux premières ombres de la nuit; cet effet de crépuscule auquel le lever de la lune mêle quelque chose de si piquant.

De belles figures peintes par Cuyp, et dont toutes

les actions concordent avec la fin de la journée, ajoutent encore au mérite de ce tableau. Sur le premier plan, dans un petit enclos, c'est une servante qui, venant y traire des vaches, est rencontrée par un paysan avec qui elle s'amuse à causer; plus loin, c'est un autre homme revenant de son travail et conduisant deux chevaux de trait; ailleurs, ce sont deux opulens personnages, prenant le frais sur un petit pont, devant la porte de leur noble habitation.

Jamais Vander Neer n'a porté plus loin qu'ici l'enchantement de son coloris; jamais il ne s'est joué plus heureusement avec les difficultés de son art; jamais, enfin, il n'a peint avec plus de chaleur.

ORRIZONTI (François Van Bloemen, *dit*).

102. Paysage. — *Toile; hauteur, trente-cinq pouces; largeur, quarante-huit pouces neuf lignes.*

Un terrain inégal, parsemé de plantes et divisé par un étroit sentier, compose l'avant-scène de ce paysage. Les autres plans, enrichis d'arbres et d'une verdure non interrompue, s'étendent jusqu'à une montagne dont la base est remarquable par une espèce de voûte formée de rochers, et de dessous laquelle s'échappent les eaux d'une rivière.

Les ouvrages d'Orrizonte ressemblent singulièrement à ceux de Gaspre; même choix de sites, même manière de faire, même coloris.

OSTADE (Adrien).

103. L'estaminet hollandais. — *Bois ; hauteur, dix-neuf pouces ; largeur, dix-sept.*

Plusieurs habitués d'un estaminet hollandais sont réunis dans une grande salle, et se livrent aux plaisirs d'usage en pareil lieu ; mais une femme et quatre hommes, placés autour d'une table, attirent particulièrement les yeux du spectateur. A côté d'eux est un joueur de violon dont la posture est si expressive, que c'est la nature même prise sur le fait. Ce musicien est encore un des principaux personnages de la scène : avec quelle attention il accompagne la voix de la femme, pendant qu'elle régale, d'une chanson qu'elle a en main, les autres personnes de son écot ! Un vieillard, muni d'une cruche et l'œil fixé sur la chanson, a tout l'air de vouloir unir sa voix chevrotante à celle de la chanteuse, derrière laquelle il est placé ; un second, vu de profil, accoudé sur la table et soutenant sa tête de la main gauche, se contente de marquer la mesure. Leurs camarades, moins amateurs de chant, s'amusent à parler. Dans le fond de la salle, d'autres buveurs se tiennent devant la cheminée. Un tabouret triangulaire sur lequel sont posés une pipe, un plat et un verre rempli de bière, un chaudron avec son couvercle, et plusieurs autres objets de ce genre, achèvent de nous peindre l'intérieur d'un estaminet. Un petit escalier de bois conduit à une chambre qu'éclaire une croisée. On ne peut louer autrement cet admirable tableau qu'en le classant parmi les chefs-d'œuvre.

104. L'ADORATION DES BERGERS. — *Toile; hauteur, dix-sept pouces; largeur, quinze.*

Ce précieux tableau provient de la magnifique galerie de Hesse-Cassel, l'une des plus fameuses que l'Allemagne ait possédées. Quoique la scène qu'Ostade y a représentée n'ait rien de commun avec les sujets auxquels il avait consacré ses naïfs pinceaux, il n'en est pas moins vrai de dire qu'elle ne laisse rien à désirer dans la partie la plus difficile de l'art, dans celle qui distingue les grands maîtres, on veut dire l'expression. Il a eu sa part du feu divin, le peintre qui sait, n'importe dans quel genre de sujets, animer sa toile et donner une âme à ses figures!

Le Messie est couché dans une crêche, le corps enveloppé et la tête sur un oreiller. A sa droite, est assise la Vierge-mère qui vient de lui donner le jour. Elle a la tête appuyée sur sa main gauche; ses regards, attachés sur son fils, accusent un profond recueillement. A terre, près d'elle, est un panier rempli de provisions. A la gauche du Messie sont groupés quatre vieux pâtres accompagnés d'une femme, tous dans des attitudes différentes, et néanmoins unis de sentimens et d'action. L'un d'eux, la main à son bonnet, avance la tête au-dessus de celle du fils de Marie, et le considère avec une attention qui révèle bien que cet enfant est pour lui un être extraordinaire, et un sujet de pensées dans lesquelles son esprit se confond. Un autre est à genoux au pied de la crêche ; l'humilité de sa posture, ses mains jointes, ses traits empreints de piété, expriment une foi vive et une fervente dévotion. Les deux autres pasteurs, bien que restés de bout, n'en paraissent pas moins pénétrés de toute la vénération due au nouveau-né. Saint Joseph, un livre à la main, est placé derrière la Vierge, et les hommages qu'on rend au Sauveur lui causent une douce satisfaction. Ostade a encore très-bien rendu l'innocente curiosité d'un enfant placé à la tête de la crêche. On voit arriver dans l'étable une femme et un petit garçon ; le bœuf et l'âne sont acteurs obligés dans cette scène.

La tradition rapporte qu'Ostade peignit ce tableau à l'occasion de la naissance de l'un de ses enfans. Que cela soit ou ne soit pas, n'importe. Ostade a fait un admirable tableau ; et, s'il n'y a pas observé les convenances historiques, il y a du moins montré qu'il savait rendre la nature avec une étonnante perfection.

OSTADE (Isaac.)

105. Halte de voyageurs a la porte d'un cabaret. — *Toile* ; *hauteur*, *trente-huit pouces six lignes* ; *largeur*, *cinquante-trois pouces six lignes*.

Isaac Ostade aimait beaucoup à introduire dans ses paysages quelques masures ou chaumières bien pittoresques, qu'il rendait toujours avec une piquante vérité. De ce genre est le cabaret qu'on voit à la droite et sur le premier plan de ce tableau. Cette maison, où l'on arrive par un petit escalier de bois très-étroit, et dont le toit est de chaume, est construite sur les murs tapissés de lierre d'un ancien édifice. La cabaretière est debout avec un enfant dans ses bras à la porte de sa maison; deux autres enfans s'amusent au bas de l'escalier, et forment un grand contraste d'âge et de fraîcheur avec un vieillard qui ne marche plus que courbé et appuyé sur un bâton. Près de ce cabaret sont réunis cinq voyageurs, militaires et gens de village, ayant tous la pipe, le verre ou la cruche à la main. Ces hommes et plusieurs autres qui forment un groupe de causeurs, viennent de descendre d'un chariot de poste dont le conducteur s'est arrêté pour faire manger et reposer ses chevaux. Tout à côté et en avant de cette voiture, est une charrette attelée d'un cheval. Une femme est assise sur le devant; derrière elle est le charretier qui délivre un ballot à un paysan. Un valet de ferme conduisant une vache, ajoute encore de la variété à ces petites scènes dont l'ensemble désigne un retour de marché. Sur un plan reculé, on aperçoit l'habitation et la forge d'un maréchal-ferrant.

Ce tableau, qui est regardé comme l'un des plus capitaux de l'auteur, réunit à la richesse et à l'amusante variété des détails, à beaucoup de vie et d'action, une exécution forte, un coloris plein de chaleur, et cette savante combinaison de lumière et d'ombre sans laquelle il n'y a point d'effet en peinture. Chaque figure est très-expressive, chaque attitude naturelle, chaque accessoire placé à propos et parfaitement rendu.

106. Repos de voyageurs.— *Bois ; hauteur, dix-neuf pouces ; largeur, dix-sept.*

Un militaire hollandais en voyage avec sa femme et deux enfans en bas âge, n'a, pour leur alléger les fatigues de la route, que l'humble assistance d'un baudet. Vers le milieu du jour, la petite famille, sentant le besoin de faire une pause, s'est arrêtée sur le bord d'un chemin. Là, pour se remettre de sa lassitude, l'homme s'est couché à plat ventre sur le gazon ; et c'est à qui dormira le mieux de lui ou de ses deux enfans. Le plus jeune de ceux-ci est étendu sur les genoux de sa mère, l'autre est assis à côté d'elle la tête appuyée sur sa main. Les poses de ces diverses figures sont vraiment significatives, et l'on doute qu'il fût possible d'en trouver de mieux appropriées au motif qui en a déterminé le choix. Cette femme qui veille pendant le sommeil de ses enfans est encore une idée juste : on sait quelle est la sollicitude d'une mère. Le baudet, debout près de son maître, attend avec patience qu'on lui rende sa charge ; à son bât est attachée une pièce de gibier. Un chien est couché aux pieds de sa maîtresse. Avec cette femme cause un villageois qui tient un coq par les pattes, et que suit un jeune garçon portant un panier de volailles au bout d'un bâton ; c'est sans doute un pourvoyeur qui se rend à quelque marché dans le voisinage. Il y a dans sa manière d'être la rusticité de sa condition : c'est bien un paysan. Au haut du chemin est une maison entourée d'arbustes et d'arbres, près de laquelle passent deux hommes à cheval et un autre à pied. Un chien buvant à une mare, une espèce de barrière, des saules sans branches enrichissent encore le devant de ce tableau, que nous classons parmi ceux qui font le plus d'honneur au pinceau d'Isaac Ostade.

107. Vue d'un canal glacé. — *Bois*; *hauteur, vingt-un pouces six lignes*; *largeur, trente-huit pouces neuf lignes.*

Personne n'ignore qu'en Hollande, quand les eaux sont gelées, on est forcé de remplacer l'usage des barques par celui des traîneaux. On voit ici, au bas d'une digue, sur le bord d'une rivière glacée, deux voitures de ce genre, et à chacune d'elles un cheval de trait. Dans l'une sont placées deux femmes, et vis-à-vis d'elles deux hommes bien enveloppés de leurs manteaux. Le conducteur, à la tête de son cheval, paraît attendre le second traîneau dont un homme arrange le siége. Ce dernier est destiné à deux époux menant avec eux deux enfans, dont le plus jeune donne la main à sa mère. Près delà est un jeune garçon qui attache ses patins. Beaucoup d'autres enfans du voisinage s'amusent de tous côtés sur la glace du canal; celui-ci à se promener dans un petit traîneau qu'il fait glisser au moyen de deux bâtons ferrés; ceux-là à pousser les traîneaux de leurs camarades; d'autres à lancer des balles à coups de crosses. Dans le nombre on en remarque un qui s'est laissé tomber en faisant rouler un cerceau. Parmi plusieurs maisons attenantes l'une à l'autre, et rangées à main gauche sur la digue, on distingue un cabaret à la porte duquel est un chariot de poste. De ce côté, on remarque encore différens personnages, et entr'autres un homme et une femme dont le costume annonce une condition au-dessus du commun. Dans le lointain, on aperçoit çà et là quelques patineurs allant et venant sur le canal. Des barques sont engagées dans la glace près de la rive opposée. Le soleil près d'achever sa course commence à rougir l'horizon.

Quarante figures animent ce tableau. Il est inutile de dire que le site, l'action des personnages, et tous les détails en général, y sont, comme dans les deux morceaux suivans, d'une vérité admirable.

108. Vue d'un canal glacé.—*Toile*; *hauteur, trente-six pouces neuf lignes*; *largeur*, *quarante-quatre pouces trois lignes.*

Dans des tableaux dont le motif est le même, l'auteur ne peut guère éviter de reproduire une partie des mêmes scènes et des mêmes actions. Mais il faut qu'il les expose différemment, s'il ne veut pas qu'on l'accuse de se répéter. Isaac Ostade, dans cette seconde représentation d'un canal glacé et dans la suivante, s'est mis à l'abri de ce reproche, en prouvant qu'on peut retracer les mêmes objets sous beaucoup d'aspects différens.

Sur le devant de ce tableau, à main gauche, sont représentés une femme et un enfant regardant un homme qui fend à coups de hache la glace d'un canal pour y puiser de l'eau. Du côté opposé est un homme qui rattache ses patins; un enfant en jaquette et un petit garçon sont arrêtés près de lui. Un peu plus loin, trois voyageurs remplissent un traîneau attelé d'un cheval blanc, qui descend sur le canal au moyen d'un petit pont volant. D'autres traîneaux, des patineurs, des bateaux engagés dans la glace, une digue à chaque côté du canal, enrichissent et composent les autres plans du tableau.

109. AUTRE VUE DE HOLLANDE EN HIVER. — *Toile*; *hauteur*, *trente-quatre pouces six lignes*; *largeur*, *quarante-quatre pouces*.

C'est encore un canal glacé, bordé à droite par une digue élevée, sur laquelle on voit, de distance en distance, un cabaret et d'autres maisons. Sur le canal une dame hollandaise, vêtue de noir, est assise à côté d'un *mynheer* dans un traîneau attelé d'un cheval blanc, dont le conducteur fait ses préparatifs de départ; un villageois et plusieurs enfans sont arrêtés autour de ce traîneau. Un petit garçon regardant son camarade qui attache ses patins, et beaucoup d'autres personnages animent encore diverses parties du point de vue.

Dans ce tableau et dans les précédens, le mérite du pinceau répond complètement à la richesse de la composition.

POELENBURG (Corneille).

110. Paysage avec figures représentant une bacchanale. —*Bois*; *hauteur, vingt-neuf pouces*; *largeur, cinquante-quatre.*

Plus abondant qu'il n'avait coutume de l'être, Poelenburg a répandu sur ce paysage quarante et quelques figures, hommes, femmes, enfans, satyres et animaux. Il y a aussi tellement dépassé les dimensions ordinaires de ses ouvrages, que nous nous croyons doublement en droit de le signaler comme le morceau le plus capital qui soit sorti de ses mains.

Dans le lointain est représenté le vieux nourricier de Bacchus, soutenu sur son âne et environné d'une partie de son joyeux cortége. Une autre partie, dispersée sur le premier plan, nous offre çà et là des satyres, des bacchantes et des enfans. Ces derniers agiles et vifs s'amusent avec un bouc que l'un d'eux a enfourché, tandis que leurs pères, excités par les vapeurs du vin, s'abandonnent à leur pétulante gaieté.

Toutes les parties de cette amusante peinture sont remarquables par cette exécution suave qui distingue le talent de Poelenburg.

POTTER (Paul).

111. Le paturage. — *Bois*; *hauteur, quinze pouces dix lignes*; *largeur, quatorze pouces.*

Trois vaches et un bouquet d'arbres sur le devant

d'un pâturage, tels sont les objets dont se compose ce beau tableau ; cela dit, il n'y reste plus rien à décrire. Cependant telle est la magie, tel est le charme inexprimable de cette peinture si simple, si dépourvue d'action, d'intérêt même, qu'elle nous plaît, nous attache et nous retient malgré nous. Dix fois on s'en éloigne, dix fois on y revient; et toujours elle fait éprouver la même surprise et le même plaisir. Mais aussi, que de correction dans le dessin de ces animaux ! quelle justesse dans leurs poses ! qu'ils expriment bien tout ce qu'il y a de paisible dans leurs habitudes ! et que l'art a de puissance, quand il s'élève à ce degré de perfection !

Deux de ces vaches sont debout et vues de profil, ou à peu près ; la moins éloignée est d'un gris sale, l'autre roussâtre ; la troisième, dont le poil blanc est parsemé de taches rousses, est représentée couchée.

Paul Potter fut tellement favorisé de la nature, qu'on pourrait presque dire qu'il naquit peintre. De là, ce tact esquis pour saisir la forme, ce sentiment de la couleur qui lui ont valu le premier rang entre tous les peintres d'animaux. On ne parle pas de la rareté, du grand prix de ses ouvrages, ce sont deux choses que personne n'ignore.

Ce tableau est ainsi signé : *Paulus Potter, an°* 1651, époque qui se rapporte au meilleur temps de cet artiste si justement célèbre.

PYNAKER (Adam).

112. Rendez-vous de chasseurs. — *Toile; hauteur, treize pouces dix lignes; largeur, dix-sept pouces trois lignes.*

Un chasseur couché à plat ventre, un autre debout, le fusil sur l'épaule, et causant avec un troisième qui est assis à côté de plusieurs chiens, attendent sur une petite éminence revêtue de gazon, rendez-vous convenu, deux de leurs compagnons de chasse, qui se dirigent vers eux. Quelques broussailles, des arbustes et deux arbres dont le feuillage est tant soit peu doré, entourent et couronnent cette éminence. De là, les yeux peuvent se promener sur un vaste lointain, où des montagnes opposent une insurmontable barrière aux eaux de la mer.

Dans toutes les parties de ce délicieux paysage se montre l'exécution facile, originale et piquante, qui distingue les productions de Pynaker. Les figures dont il est orné sont de la main de Lingelbach, et d'une exécution tout à la fois spirituelle et très-fine.

113. Le bac. — *Toile; hauteur, quatorze pouces; largeur, seize.*

Au premier plan, un bac et un bateau destiné au transport des marchandises, sont amarrés au rivage d'un fleuve, dont le cours sinueux se prolonge jusqu'à l'extrémité du point de vue. Deux mariniers sont assis sur le tillac du bateau et font la conversation; un troisième debout est appuyé sur la barre du gouvernail. Sur le rivage, un homme et une femme attendent, pour mettre le pied dans le bac, où se trouvent déjà trois passagers et plusieurs animaux, qu'on soit parvenu à y faire entrer une vache qui refuse d'obéir à son conducteur. Le mouvement rétrograde de la bête rétive indique qu'elle ne quittera pas volontiers le plancher sur lequel elle est accoutumée. À droite, au-delà du fleuve, on remarque particulièrement une grande maison qui a toute l'apparence d'une hôtellerie; du côté opposé, une colline borde une partie du fleuve. Un peu d'obscurité répandue sur la terre indique le prochain retour de la nuit.

114. Paysage. — *Toile; hauteur, vingt-huit pouces; largeur, vingt-un.*

Au premier plan, à droite, près d'un reste de tronc de bouleau qui se groupe avec des plantes sauvages, se voient une vache, un jeune bélier et un agneau. Deux arbres, presque sans branches, enrichissent encore cette partie du tableau; dans l'autre partie, au travers d'une échappée de vue, ou aperçoit une femme à cheval, et derrière elle un pâtre conduisant un troupeau.

C'est particulièrement dans les paysages de l'espèce de celui-ci, que Pynaker ne ressemble à aucun autre maître. Ces pieds de bouleau, qu'il aimait à peindre, ces plantes qui se groupent ensemble tout à côté, sont rendus avec perfection; toutes les autres parties du tableau sont encore autant de témoins de l'heureuse facilité de son pinceau.

115. Paysage. — *Bois ; hauteur, ving-un pouces ; largeur, vingt-cinq.*

Un homme et une femme, assis l'un près de l'autre sur le bord d'un chemin, paraissent attendre deux vaches qui boivent à une mare. A quelques pas d'eux est un autre homme qui gagne son habitation. La couleur dorée du ciel indique que le coucher du soleil n'est pas éloigné.

Une couleur transparente et chaude, une harmonie parfaite, une exécution ferme et spirituelle, mériteront à ce tableau les suffrages des connaisseurs, en leur rappelant tout à la fois et la touche de Both d'Italie, et les tons brillans d'Albert Cuyp.

116. La soirée d'automne. — *Bois ; hauteur, dix-huit pouces ; largueur, quinze.*

Ce tableau provient du cabinet Saint-Victor. Voyez le N° 97 du Catalogue.

Au premier plan, à notre gauche, se présente une éminence dont la partie supérieure est masquée par les rameaux de plusieurs arbres. Une villageoise, triste et rêveuse, à choisi cet endroit pour se reposer. Deux brebis sont couchées près d'elle ; à ses pieds est une chienne avec deux de ses petits. Un cheval blanc, sans aucun harnois, attend cette femme au milieu d'un chemin, à l'extrémité duquel on aperçoit un paysan marchant avec un bâton. Les autres parties de ce paysage n'offrent plus à la vue qu'un pays découvert et terminé par des montagnes, dont les sommets élevés et vaporeux se dessinent à peine au milieu des airs. Le soleil près de se coucher imprime aux nuages et à toute la campagne la brillante couleur de ses derniers rayons.

PYNAKER (Genre de).

117. Paysage. — *Bois*; *hauteur*, *quinze pouces deux lignes*; *largeur*, *onze pouces dix lignes*.

Une rivière formant plusieurs cascades en-deçà d'un pont en partie ruiné et mal réparé, baigne la gauche de ce paysage; à droite, on voit un homme qui fait paître des vaches. Les plans reculés offrent, à la vue, un pays montagneux.

REMBRANDT (Paul) VAN RHYN.

118. Portraits de deux époux. — *Toile*; *hauteur*, *quarante-huit pouces*; *largeur*, *soixante*.

Descamps, dans son ouvrage intitulé *la Vie des peintres flamands, allemands et hollandais*, dit, vers la fin de la note qu'il a consacrée à Rembrandt, que, parmi douze tableaux de cet artiste qui faisaient partie du fameux cabinet du comte de Vence, il y en avait un où l'on voyait *le portrait d'un grand seigneur et celui de sa femme représentés jusqu'aux genoux, de grandeur naturelle, habillés d'hermine, etc., avec un fond de paysage*. Cet admirable tableau est aujourd'hui dans la riche collection de M. Érard, et c'est lui que nous venons d'inscrire sous le titre de *Portraits de deux époux*.

Ces deux nobles personnages sont côte à côte, et se donnent la main. Leur costume est de la plus grande richesse. La femme porte une mante d'hermine sur une robe de soie blanche qu'accompagnent deux chaînes d'or, l'une mise en ceinture, l'autre tombant autour de la gorge en forme d'esclavage. Un collier de perles fines orne son cou, et un peu au-dessous, comme pour contraster avec la blancheur de sa chair, descend un second collier de cordonnet noir auquel pend une croix. Parés, au-dessus du front, d'un enchaînement de pierreries qui forme une espèce de couronne, les cheveux de cette dame tombent, bien peignés, du sommet de la tête sur les épaules, et sont couverts par derrière d'un voile de gaze noire. L'homme n'est ni moins élégamment ni moins magnifiquement vêtu. Il a sur la tête une toque noire sur laquelle voltige un panache blanc; et sur le corps, un manteau de velours couleur de feuille-morte et orné tout autour d'une riche broderie d'or.

119. Portrait de Martin-Kappertz-Tromp, amiral hollandais. — *Bois; hauteur, trente-trois pouces; largeur, vingt-sept.*

Le vaillant et célèbre marin est représenté de trois quarts par la droite, le visage dans la demi-teinte, et la main gauche appuyée sur un bâton. Son corps, développé jusqu'aux hanches, est couvert d'un surtout à manches tailladées, échancré à l'endroit de la poitrine comme le corsage des femmes, et accompagné d'une chemisette à petites broderies noires, fermée sous le menton. Une écharpe en sautoir, et dont les bouts sont cachés sous l'habit, complète cet ancien costume, qu'on retrouve, à peu de chose près, dans celui des hommes qui ont vécu dans les quinzième, seizième et dix-septième siècles.

Des traits mâles, une contenance assurée, de la noblesse unie à beaucoup de simplicité, donnent une grande expression à ce beau portrait. Dans la demi-teinte qui l'enveloppe et qui va si bien à sa gravité, on pourrait voir une pensée philosophique, une allusion dont Rembrandt était bien capable. Martin Tromp, indifférent pour les titres honorifiques, pour les choses d'apparat, modeste au plus haut point, ne dut trouver du plaisir à se montrer que quand il était en présence des ennemis de sa nation. Au surplus, quelle qu'ait été l'intention du peintre, cette ombre, répandue sur la figure d'un tel homme, sied bien à son caractère.

Ce portrait, si remarquable comme monument de peinture historique, ne l'est pas moins comme morceau de cabinet. C'est un de ceux où le génie de Rembrandt, où la puissance de son coloris, l'habileté de son pinceau, se manifestent dans toute leur originalité.

120. Portrait d'homme. — *Toile; hauteur, vingt-neuf pouces; largeur, vingt-quatre pouces trois lignes.*

Cette tête, sur laquelle ne tombe que peu de jour

et qu'environnent de grandes ombres, n'a point ce brillant qui fait une vive impression sur la vue. Mais elle est remarquable par cette profondeur, cette fusion de teintes harmonieuses et transparentes, par cette magie, pour m'exprimer suivant l'usage, que le célèbre Rembrandt découvrit le premier dans les couleurs de sa palette, et qui est encore un secret pour beaucoup de peintres d'un grand mérite. Ajoutons à cette qualité une exécution large, un *modelé* savant, et nous n'aurons rien dit de trop à l'éloge de ce portrait.

On croit que c'est celui du père de Rembrandt. Sa tête est nue; son visage, vu de trois quarts, est caractérisé par des traits fortement prononcés; son expression, d'accord avec la simplicité de son vêtement, indique un homme du commun.

121. Portrait de la mère de Rembrandt. — *Bois; forme ronde; hauteur, vingt-cinq pouces neuf lignes; largeur, vingt pouces neuf lignes.*

Elle est représentée en buste, presque de face, avec une cornette de batiste fine, une fraise à petits godrons et une robe noire.

Rien de plus étonnant que cette figure pour le relief, la vigueur et le prestige du coloris.

122. L'Éducation de Joas. — *Bois; hauteur, quinze pouces; largeur, douze.*

Le fond du tableau représente un endroit un peu obscur, dépendant de l'intérieur d'un temple. Sur le devant est assise une vieille femme qui enseigne à lire à un enfant. Cette femme, pour rapporter l'intention de Rembrandt, est Josabeth, épouse du grand prêtre Joiada, instruisant en secret le petit Joas, qu'elle a eu le bonheur de dérober à la cruauté d'Athalie. L'enfant est à genoux et familièrement appuyé sur celle qui lui sert de mère; la soumission est peinte sur sa figure.

Sur un plan reculé et dans l'ombre, se voient encore trois personnages parmi lesquels se trouve une femme tenant un enfant dans ses bras. C'est apparemment un second épisode tiré de la vie de Joas, où Rembrandt a voulu montrer Josabeth apportant aux prêtres du temple l'enfant royal qu'elle vient de sauver.

Ce petit tableau est au-dessus de tout éloge. Il charme par toutes les qualités pittoresques qui ont fait de Rembrandt un chef d'école, on pourrait presque dire, un peintre à part.

123. Le Bénédicité. — *Toile; hauteur, cinquante pouces six lignes; largeur, quarante pouces six lignes.*

« Seigneur, bénissez la nourriture que nous allons prendre, etc. » Telle est évidemment l'invocation qu'est censé faire le couple de vieux et fidèles époux que Rembrandt a représentés sur cette toile. Ils sont simples comme tout ce qui les entoure, et le repas qu'ils vont prendre consiste un une jatte de lait placée sur une petite table à côté d'eux. La femme, assise en face du spectateur, a les mains jointes et les yeux abaissés vers la terre. Le vieillard, dont la partie inférieure du corps est cachée par la table, est debout, la tête nue et les regards tournés vers le ciel. Ses traits n'ont rien de grand, il est vrai ; mais ce n'est pas là ce qu'il faut chercher dans un ouvrage de Rembrandt. En revanche, que d'onction, et qu'ils expriment bien, ainsi que ceux de son épouse, l'humble ferveur d'une âme pénétrée d'une profonde piété! Pourquoi cette colombe placée sur la tête de la femme? serait-ce pour nous faire entendre que l'Esprit-Saint réside en elle, et la guide dans chacune de ses actions? Un reste d'ébauche effacé indique que l'auteur avait eu l'intention d'introduire une troisième figure dans ce sujet, celle d'un enfant appuyé sur les genoux de sa mère; un caprice la lui a fait supprimer. Rembrandt a souvent fait de ces changemens dans ses compositions; on en juge surtout par plusieurs de ses gravures et de ses dessins.

124. L'Usurier. — *Toile; hauteur, quarante-six pouces; largeur, trente-neuf.*

L'amour de l'argent est la passion ordinaire des vieillards; il était donc convenable de représenter l'usurier dans un âge avancé. La plume qu'il taille, le grand registre ouvert et posé sur une table devant lui, indiquent qu'il se dispose à inscrire quelque opération de finance. A sa droite, des liasses de papiers et une horloge de sable sont posées sur un buffet; au-dessous de ces liasses, trois gros sacs d'écus pressent de grands livres de compte.

Ce bon tableau, portant la signature de Rembrandt avec la date de 1647, diffère un peu des autres ouvrages de ce maître, l'exécution en est plus arrêtée; il y a moins de chaleur et de naïveté dans le coloris.

RUBENS (P.-P.)

126. Jésus bénissant les enfans. — *Bois; hauteur, trente-sept pouces six lignes, largeur, soixante-deux pouces.*

L'évangéliste saint Marc nous dit qu'on vint présenter de petits enfans à Jésus, afin qu'il leur imposât les mains et les bénît. Mais, ses disciples repoussant par de rudes paroles les personnes qui les lui présentaient, soit qu'ils regardassent cela comme une familiarité déplacée, ou qu'ils ne voulussent pas être interrompus pendant leurs entretiens avec leur maître; Jésus profita de cette circonstance pour leur donner, ainsi qu'à tous les hommes, la plus sage des leçons, et pour leur apprendre de quel esprit doivent être animés ceux qui désirent être de son église... « Laissez venir à moi les petits enfans, leur « dit-il. Heureux ceux qui auront leur candeur et « leur innocence; car le royaume de Dieu est pour « ceux qui leur ressemblent. » En disant ces paroles, Jésus embrassa les enfans et les bénit en leur imposant les mains.

Les prédications de Jésus attiraient autour de lui

une foule d'auditeurs qui étaient touchés de la sagesse et de la simplicité de ses préceptes. Il n'est donc pas étonnant que des mères de famille s'empressassent de le prier de toucher leurs enfans, dans l'espoir que ces bénédictions influeraient sur le bonheur à venir de ces êtres qui leur étaient si chers.

Tel est le sujet de la scène représentée dans ce tableau. Il est supposé que, dans un moment où Jésus, assis à la porte d'une ville ou d'une bourgade, s'entretenait avec sept de ses disciples, trois femmes se sont approchées de lui, pour l'inviter à bénir des enfans qu'elles portent dans leurs bras. Une d'elles, s'inclinant un peu, lui présente le sien. Jésus prend la main de cet enfant, regarde les autres, et est censé prononcer les paroles mémorables que nous venons de rapporter. Les disciples l'écoutent avec surprise et respect. Quelques-uns, confus de leur brutalité, semblent regretter de n'avoir pas mieux lu dans la pensée de leur maître. La femme qui présente son enfant est visiblement touchée de la bonté de Jésus. Les deux autres, placées derrière elle, leurs enfans au cou, manifestent une douce satisfaction.

Cette riche composition, dans laquelle on compte quinze figures, réunit à une admirable facilité de pinceau, à des expressions fortes, justes et variées, les charmes inexprimables d'un coloris qui rivalise avec le nature même pour sa fraîcheur et sa vérité.

---

126. La sainte Famille accompagnée de sainte Élisabeth et de saint Jean-Baptiste enfant. — *Bois*; *hauteur*, *quarante-un pouces*; *largeur*, *trente-trois*.

Ce groupe de cinq figures réunies dans un petit espace, nous offre, dans toute la simplicité de la nature, l'image du bonheur dont jouirent les parens de Jésus pendant ses premières années. Rubens ne pouvait manquer d'y observer l'unité d'intérêt toujours si nécessaire pour faire ressortir l'action principale.

Cette action consiste dans les caresses enfantines que le Sauveur fait à la vierge Marie; dans la joie de cette tendre mère, et enfin dans l'attention réfléchie des trois autres personnages qui sont témoins de cette petite scène.

Assise sur un banc, au milieu de la composition, la Vierge tient sur ses genoux l'enfant Jésus qui vient de se réveiller et de sortir de son berceau. Les caresses qu'il fait à sa mère en lui passant la main sous le menton, occupent les regards de son petit cousin, ainsi que ceux de sainte Élisabeth et de saint Joseph. Celui-ci est représenté à la droite de son épouse; devant elle est le précurseur accompagné de son agneau, du côté opposé, en arrière de Marie, est sainte Élisabeth, debout, la main droite appuyée sur la tête du berceau.

Ce tableau, aussi précieux qu'il est agréable, a fait partie des richesses pittoresques du fameux amateur Poullain. Voici les termes dans lesquels feu

Pierre Lebrun en a parlé dans le catalogue qu'il fit en 1780, du cabinet de cet amateur : « Il n'est point « de galerie que ce morceau ne pût embellir. On y « remarque un dessin plein de finesse, des têtes « pleines de grâce et de vérité, une couleur franche « et transparente. » Lebrun, selon beaucoup de connaisseurs, n'a rien dit de trop.

127. Portrait du graveur Bolswert.—*Bois; hauteur, vingt-deux pouces six lignes; largeur, dix-sept pouces neuf lignes.*

Cet artiste célèbre, au talent duquel on doit un grand nombre de belles estampes, la plupart gravées d'après Rubens, est représenté en buste, nu-tête, presque de face et portant un collet rabattu sur un vêtement noir. De la main droite, il attire sur sa poitrine un des côtés de son manteau.

128. L'adoration des mages. —*Bois; hauteur, dix-neuf pouces; largeur, quatorze.*

Ce n'est qu'une esquisse, mais elle est empreinte de tout ce qu'il y avait d'enthousiasme dans l'âme du grand Rubens, quand il la traçait sur le panneau; de tout ce que sa main avait de facilité, de légèreté et d'esprit. La scène est admirablement exposée, pleine d'ordre et de mouvement; en un mot, cette belle esquisse est comme le prélude soudain d'un homme de génie, dans la tête duquel se pressent, s'arrangent toutes les combinaisons d'un chef-d'œuvre.

Le Sauveur sur les genoux de la timide et modeste Marie, met la main dans un vase précieux et rempli de pièces d'or, que lui présente un des mages, à genoux à ses pieds. Né avec les faiblesses de l'humanité, le fils de Dieu semble déjà connaître le prix d'une chose dont plus tard sa sagesse lui fit enseigner le mépris. Les deux autres mages, en arrière desquels se voit un nombreux cortége, se disposent à honorer à leur tour l'enfant, dont une étoile leur a annoncé la naissance.

129. L'ADORATION DES MAGES.—*Bois; hauteur, vingt-deux pouces; largeur, vingt-huit.*

C'est encore une esquisse et une adoration des mages; mais il n'y a aucune ressemblance entre cette composition-ci et la précédente. Seulement, c'est une preuve nouvelle de ce que peut faire une main habile, guidée par les inspirations du génie.

Le Messie, sur les genoux de sa mère, porte la main sur un vase d'or que lui offre un des mages humblement prosterné devant lui; pendant ce temps les deux autres se disposent à lui présenter de la myrrhe et de l'encens. Une suite nombreuse accompagne les mages, et se presse derrière eux pour voir l'enfant qu'ils sont venus adorer.

130. PAYSAGE. — *Bois; hauteur, dix-huit pouces; largeur, vingt-trois pouces six lignes.*

Le ciel se couvre de nuages, et la pluie qui tombe déjà en abondance, oblige deux femmes chargées de paquets d'herbes à gagner au plus vite leurs demeures, ou à se refugier vers une forêt qui leur offre son abri, sur la gauche du point de vue. Cependant, le soleil darde encore ses rayons sur les campagnes lointaines.

Cette peinture nous offre la triste image des champs, vers la fin de l'automne. Gazons, plantes, feuillages, tout est jauni ou desséché; à peine y aperçoit-on quelques restes de verdure. Quant à l'exécution, n'y cherchez point de détails bien finis : ce n'est point à cela que s'est attaché Rubens ; il a peint des masses où l'imagination place tout ce qu'elle veut.

RUYSDAEL (Jaques).

131. La Forêt. — *Toile*; *hauteur*, *trente-neuf pouces*; *largeur*, *quarante-sept.*

Deux chênes touffus, groupés avec un hêtre en partie dépouillé de ses branches, et plantés sur le bord d'une rivière, ombragent le premier plan, tout-à-fait à la droite du tableau, et se dessinent en demi-teinte sur un ciel nuageux avec lequel ils forment une forte opposition. A la gauche, vers le second plan, se présente la lisière d'une épaisse forêt, percée d'un chemin où l'on voit venir un villageois avec une petite fille; plus loin, un autre homme se dirige du côté opposé. Une large échappée donne du jour au milieu du point de vue, en y mettant à découvert plusieurs plans lointains. De gros nuages, indice d'un temps pluvieux, roulent amoncelés dans l'atmosphère, et dérobent à la terre une partie des cieux. L'auteur, dès son début, montra un penchant très-marqué pour ce genre d'effet, ce qui l'accoutuma à monter ses teintes au plus haut degré de vigueur possible.

Il n'y a jamais que peu de choses à décrire dans les ouvrages de Jaques Ruysdaël ; ce sont pour l'ordinaire des sites agrestes d'une grande simplicité, de sombres forêts, de vastes plaines, des canaux, des écluses, des rivages, des marines et quelquefois des ports de mer. Mais on aurait peine à tarir, si l'on entreprenait de passer eu revue toutes les qualités distinctives d'un talent qui imprima une direction nouvelle au genre du paysage, lui fit éprouver un grand mouvement de progression, et plaça Ruysdael à la tête d'une école nouvelle.

Comme une digression à ce sujet, serait de peu peu d'utilité, nous nous en tiendrons à cette seule remarque, que, dans aucune de ses productions, l'auteur n'a mieux montré que dans celle-ci, combien il l'emportait sur les autres peintres pour le dessin des arbres, pour l'esprit avec lequel il les a touchés et caractérisés, pour l'énergie de son coloris.

132. Vue de Schiendam. — *Toile*; *hauteur*, *vingt pouces*; *largeur*, *seize*.

A gauche, un chemin montant, pratiqué sur une digue et bordé de quelques arbres, conduit à un pont de bois qu'avoisinent plusieurs barraques et maisons. Plus loin est Schiendam, environnée d'arbres et dominée par un haut clocher. Ses murs sont baignés par la Schic, dont les eaux, couvertes de barques, s'avancent à droite, jusque sur le premier plan.

Les paysages du célèbre Jacques Ruysdael sont rarement aussi frais et aussi clairs que celui-ci. Cette qualité lui méritera une attention toute particulière. Il provient du cabinet du général Verdier.

RUYSDAEL (Salomon).

133. Paysage. — *Toile; hauteur, vingt-neuf pouces; largeur, trente-six.*

Un sol sablonneux, et baigné par un large ruisseau, forme l'avant-scène de ce paysage. Pour l'animer, Salomon y a introduit un villageois conduisant cinq vaches; un charriot couvert, traîné par deux chevaux dépareillés, et rempli de voyageurs; plus, un carosse attelé de quatre chevaux gris et précédé par un cavalier.

Ce tableau est un des meilleurs et des plus agréables de l'auteur.

RYCKAERT (David).

134. L'auteur dans son atelier. — *Bois; hauteur, vingt-un pouces six lignes; largeur, trente-quatre pouces cinq lignes.*

Ryckaert est assis, la palette à la main, devant son chevalet, et travaille à un tableau représentant trois buveurs attablés à la porte d'un cabaret. Vis-à-vis de lui est un artisan de bonne mine, tenant d'une main sa pipe et de l'autre un énorme pot d'étain : c'est un modèle posé, d'après lequel notre peintre exécute une des figures de sa composition. Avec quelle attention Ryckaert examine cet homme, et que son sourcil, légèrement froncé, donne d'expression à son regard! Un autre peintre est à son chevalet dans le fond de l'atelier. Derrière Ryckaert est son broyeur de couleurs.

Peu de tableaux de l'auteur sont comparables à celui-ci pour la légèreté du pinceau, la fraîcheur et la transparence du coloris. Il nous apprend, en outre, que, si les peintres flamands et hollandais doivent la vérité qu'on admire dans leurs ouvrages, à la coutume qu'ils avaient de consulter assidûment la nature, ils veillaient encore à la préparation de leurs couleurs (1).

SCHALKEN (Godefroy).

135. Le papillon en danger. — *Bois; hauteur, onze pouces trois lignes; largeur, huit pouces six lignes.*

Une jeune et jolie Hollandaise s'accoude du bras gauche sur l'appui d'une petite fenêtre cintrée, et avance doucement la main droite pour saisir un papillon qui est venu se poser sur une tige d'œillets d'Inde. Une vigne orne de ses pampres un des côtés de la fenêtre; au-dessous, sur une tablette de bois

---

(1) Les soins que donnaient les peintres des Pays-Bas au matériel de leur art, n'ont pas peu contribué à la conservation de leurs tableaux.

de sapin, est placé un vase de terre contenant la plante dont les fleurs ont attiré l'insecte imprudent.

Rien de plus séduisant ni de plus parfait que ce joli tableau, qui provient du cabinet de feu M. le président Robert de Saint-Victor; la description s'en trouve au nº 172 du catalogue de ce cabinet.

136. Ermite en méditation. — *Bois; hauteur, quatorze pouces; largeur, dix.*

Ce tableau a encore fait partie du riche cabinet qui est cité dans l'article précédent. Voir le nº 171 du catalogue.

Assis dans une grotte, la main gauche posée sur une tête de mort, un solitaire à barbe et à cheveux blancs, saint Jérôme peut-être, suspend la lecture d'un livre saint qu'il tient ouvert sur ses genoux, pour considérer ces lugubres ossemens devenus l'objet de ses plus fréquentes méditations. Sur un rocher, à côté de ce pieux ermite dont les traits nobles s'accordent parfaitement avec la gravité de ses pensées, sont placés un livre fermé, un coffre, une tasse, un sablier et une couverture de laine. Au-dessus de sa tête, une lanterne est suspendue à une branche d'arbre.

« Ce tableau, est-il dit dans le Catalogue du « cabinet de M. de Saint-Victor, est du pinceau « le plus fin, le plus léger : la touche en est d'une « pureté admirable. La beauté de la tête et des « mains rappelle les beaux ouvrages de Gérard « Dou. »

SCHELLINX (Willem).

137. Paysage. — *Toile ; hauteur, vingt-un pouces ; largeur, trente-un.*

Au milieu, vers le second plan, est un bouquet d'arbres touffus, à l'ombre desquels est assis un berger jouant d'une espèce de haut-bois. Deux jeunes filles se reposent à côté de lui, tandis qu'une troisième danse d'un pied léger sur le gazon. Au premier plan, dans un chemin tracé sur le bord d'une rivière, s'avance une femme à cheval accompagnée de trois piétons.

Quelques ouvrages de Guillaume Schellinx sont attribués à Karel du Jardin, et ne sont pas indignes de ce grand maître.

SOOLEMAKER.

138. Paysage avec animaux.—*Bois ; hauteur, vingt-huit pouces ; largeur, trente-six.*

Une femme montée sur son âne, un vieillard marchant à pied derrière le sien, un pâtre assis à terre au milieu d'un troupeau de vaches, de chèvres et de brebis, forment un seul et nombreux groupe sur les devans de ce paysage. A quelque distance, dans un large chemin, se voient encore d'autres villageois conduisant des bestiaux.

Ce tableau est, selon nous, même parmi les meilleurs de Soolemaker, une exception qui fait beaucoup d'honneur à ce peintre. Non seulement il s'y est distingué dans l'exécution, mais on pourrait encore dire qu'il y a profusion dans les richesses dont il a pris plaisir à l'orner. Les fonds offrent un site montueux et boisé, au milieu duquel est une étroite gorge par où l'on découvre les derniers plans d'un lointain qui se confond avec l'horizon.

STEEN (Jean).

139. La Noce de Village. — *Bois; hauteur, vingt-deux pouces trois lignes; largeur, trente pouces six lignes.*

Jean Steen a fait entrer dans cette composition plus de cinquante figures non moins animées les unes que les autres, variées à l'infini, et parmi lesquelles on ne peut voir sans rire les physionomies les plus originales. La mariée, une couronne de fleurs sur la tête, arrive devant la maison de son époux, et s'y trouve arrêtée par les complimens et les accolades de deux amis, chargés sans doute du cérémonial de la réception. Une femme répand des fleurs sur les degrés du perron, tandis qu'un musicien, dans le beau milieu de la porte, excite de son mieux l'allégresse commune en s'escrimant du violon. De nombreux convives sont aux fenêtres de la maison; en dehors sont rassemblés des curieux de toute espèce, hommes, femmes, enfans, vieillards, malicieux ou stupides, efflanqués ou d'une bonne rondeur. Derrière la mariée se pressent les parens et les amis qui ont assisté à la bénédiction nuptiale. En tête du cortège, se voient deux femmes d'honneur, à l'une desquelles un galant à tête chauve paraît adresser un compliment.

Doué du caractère le plus plaisant, Steen ne pouvait manquer de répandre dans cette composition la variété de têtes et de caractères, les saillies de gaieté, le mouvement et tout l'amusante agitation dont elle était susceptible.

140. Les Plaisirs de la Kermesse. — *Bois*; *hauteur, seize pouces*; *largeur, vingt-cinq*.

Ce tableau, désigné dans plusieurs catalogues sous le titre de la Barque de Jean Steen, est un monument tout-à-fait curieux, si l'on en juge par ce qu'en dit la tradition.

Dans une barque que nous voyons à main droite, sur un petit canal, sont réunis plusieurs artistes célèbres, contemporains et amis de l'auteur. Ils quittent la fête où ils étaient venus se récréer; et cet homme qui prend congé d'eux, le chapeau à la main, c'est Jean Steen lui-même, qui, sans doute, se propose d'y boire encore quelques verres à leur santé. Le reste de la composition offre, de tous côtés, une quantité de personnages se livrant aux plaisirs de la danse, de la bonne chère et du vin.

La scène a lieu près d'une église, au milieu d'un hameau.

Cet agréable tableau est digne de l'attention des amateurs; et nous ne nous abstenons de le vanter, que pour ne pas nous rendre fastidieux à nos lecteurs.

SWANEVELT (Herman, dit Herman d'Italie).

141. La Fuite en Égypte. — *Toile; hauteur, vingt-huit pouces; largeur, trente-neuf.*

Sur le premier plan d'un vaste et riant point de vue, enrichi de quelques fabriques qu'on aperçoit dans l'éloignement, à mi-côte d'une montagne, Swanevelt a représenté le sujet de la Fuite en Égypte. Les saints personnages sortent d'un chemin tracé au pied d'une colline qui le met à l'abri des rayons du soleil. La mère de Jésus, portant dans ses bras cet enfant divin qui lui cause une si tendre sollicitude, est montée sur un âne qu'un ange mène pas à pas par le licou. Saint Joseph marche à côté de son épouse; après eux vient un second ange qui porte sous son bras leur modeste bagage. D'autres figures et des animaux animent encore ce charmant paysage, qui ne le cède en mérite à aucun de ceux de l'auteur.

Élève de Claude Gelée, Swanevelt se fit admirer à Rome du temps même de son maître, ce qui fait grandement son éloge. Il n'en eût pas été ainsi, s'il était vrai que *sa manière fût une imitation de celle de Claude*, comme l'a écrit Descamps, qui a très-souvent jugé sans s'être donné la peine d'examiner. Sa manière, ou pour mieux dire son style, est original, aussi bien sous le rapport du coloris, que sous le rapport de la composition. Ses sites sont très-variés et toujours agréables, ses figures de bon goût. C'est un des peintres qui ont le mieux rendu les effets du soleil.

TENIERS (David).

142. L'enfant prodigue. — *Bois; hauteur, dix-neuf pouces trois lignes; largeur, vingt-huit pouces.*

L'enfant prodigue, tombé dans les égaremens de la débauche, est à table avec deux courtisanes dans une chambre à coucher. C'est, de tous les épisodes de l'apologue sacré où Téniers a puisé son sujet, celui qui était le plus en rapport avec la plupart des scènes auquel son pinceau bachique s'était particulièrement consacré.

On voit sur la table un pâté et une volaille rôtie. Le dissipateur, en veste de velours cramoisi, avec des nœuds de rubans aux jarretières, se fait servir du vin par un jeune valet. A sa gauche est assise l'une des courtisanes; elle a sur les épaules un manteau de toile fine; l'autre, qui est vêtue d'une robe de soie noire, est vis-à-vis de lui, et tourne le dos au spectateur. Il semblerait que, le costume de ces personnages n'offrant rien que de moderne, on ne devrait voir ici que la simple représentation d'un petit festin. Sous ce point de vue, la nature est admirablement saisie. Les deux musiciens, l'un jouant de la flûte, l'autre du violon, sont d'une extrême vérité; il en est de même de cette servante qui sort de la chambre avec un plat à la main. Sur le devant du tableau, près d'un seau à rafraîchir, est un singe mangeant un fruit. Du pain, des verres, une cruche, sont posés sur une table de dégagement; le chapeau, le manteau et l'épée du prodigue, sont sur un fauteuil.

La couleur de ce magnifique tableau est assortie au sujet : elle est fraîche et riante; la touche s'y montre plus vive encore et plus pétillante d'esprit que de coutume. Tous les personnages sont dans des attitudes naturelles et parfaitement correspondantes à leurs actions; tout, en un mot, dans cette brillante production, concourt à lui mériter une place distinguée parmi les meilleurs ouvrages de Teniers.

143. Les quatre Saisons, figurées dans quatre tableaux, par les Travaux agricoles, ou les Plaisirs champêtres de chaque mois. — *Cuivre; hauteur, vingt-deux pouces six lignes; largeur, trente-trois pouces.*

Il faudrait à la plume la plus éloquente des pages pour décrire l'étonnante richesse de ces quatre compositions, la variété infinie de leurs détails, les intentions fines et spirituelles de l'artiste, et encore ne traduirait-elle qu'imparfaitement l'ouvrage du pinceau. Nous nous bornerons donc à ne donner qu'une esquisse de chaque sujet.

Le Printemps, ou les mois de mars, avril et mai.

Le spectateurs, placé dans un lieu élevé, où Teniers s'est représenté lui-même environné de sa famille, découvre, sous un même coup-d'œil, un point de vue très-pittoresque : ici, c'est un château (1) entouré de hautes futaies, de métairies, de jardins, de canaux ; au-delà, ce sont des moulins et des chaumières disposés sur la pente d'un côteau ; dans le fond, c'est un village sur le bord de la mer ; à l'horizon, vers la gauche, une aurore, symbobe du réveil de la nature, dissipe avec peine des nuages épais qui recèlent encore la pluie, les neiges et les tempêtes de l'équinoxe ; tandis que, vers la droite, l'azur des cieux, des nuges plus rares, une atmosphère plus claire, annoncent le retour du printemps. Déjà les arbres et les prés se parent de verdure ; déjà des fleurs nouvelles émaillent les parterres ; le cultivateur a repris ses travaux, et l'homme riche, ennuyé de ses salons dorés, les a quittés pour jouir des agrémens de la campagne. C'est alors que le paysage s'anime ; de nombreux groupes de figures forment des scènes aussi variées qu'intéressantes ; là, le jardinier offre à sa jeune maîtresse l'hommage d'une fleur fraîchement éclose ; ici l'amant, près de celle qu'il aime, reprend timidement le chemin du bosquet qui vit naître leurs amours ; plus loin, une société brillante, réunie sur la pelouse autour d'un mai, se livre gaîment au plaisir de la danse et de la musique.

L'Été, ou les mois de juin, juillet et août.

L'été paraît, le soleil au zénith lance des feux ar-

(1) Le château même qu'habitait Teniers, et qu'il a reproduit dans une grande partie de ses tableaux.

dens; la terre, couverte de moissons dorées, offre au laboureur l'espoir consolant d'une bonne récolte ; c'est la saison des travaux et des fatigues. Les jeunes gens et les vieillards fournissent également leur tâche ; les uns tiennent dans leurs bras vigoureux le mouton indocile dont ils blanchissent la laine, tandis que les autres, armés de longs ciseaux, le dépouillent de son utile toison. Plus loin, un champ de blé tombe sous la faucille du moissonneur, et l'herbe desséchée des prairies s'élève en meules sous la fourche des faneurs. L'écho des vallées retentit des chants rustiques ; les charriots, pesamment chargés et lentement conduits vers la grange, portent en triomphe les fruits du labeur et de l'industrie.

L'Automne, ou les mois de septembre, octobre et novembre.

A la récolte des grains succède celle des fruits et la préparation des boissons. Ici, le peintre a rendu, avec un charme inexprimable, une scène extrêmement intéressante. Le fermier, au milieu de sa famille et de nombreux serviteurs, tous occupés à recueillir les trésors que leur a prodigués Pomone, conclut avec un marchand une vente de pommes que déjà on charge sur sa voiture. Une poignée de main assure réciproquement la bonne foi du marché ; mais la femme, toujours inquiète, et jalouse de donner quelque marque de son autorité, a voulu être témoin de l'affaire ; elle est près du maître, et sa physionomie indique qu'elle lui suggère quelqu'observation tardive. Une jeune fille, au regard malin, paraît se réjouir en pensant que les bénéfices de l'année pourront arrondir sa dot, et hâter une union désirée. D'autres tableaux se développent sur la droite; de laborieux vendangeurs recueillent le raisin et le houblon, raccommodent les tonneaux et préparent, dans une brasserie, la liqueur qui doit présider aux festins. Cependant l'air s'est refroidi, le soleil incliné ne darde plus que des rayons obliques; les arbres perdent leur feuillage, le givre commence à blanchir les côteaux, et le bois se fend en gémissant sous la hache des bûcherons.

L'Hiver, ou les mois de décembre, janvier et février.

Enfin le sombre hiver vient terminer le cercle des saisons; le souffle du nord a glacé la nature; le ciel est obscurci, et des nuages amoncelés versent la neige et la pluie; mais l'homme n'a point perdu sa gaîté, chaque saison lui fournit de nouveaux travaux et de nouveaux plaisirs. Des scènes non moins variées se multiplient à l'œil de l'observateur, et naissent sous le pinceau de l'artiste. Ici, une bonne mère s'avance entourée de ses enfans; ils sont chargés de livres, de gâteaux, de joujoux; c'est l'époque des étrennes; elle jouit de leur bonheur, et leurs vœux réciproques, toujours purs et sincères au village, ont sanctionné de nouveau leur tendresse mutuelle. Là, d'agiles patineurs luttent d'adresse sur la glace des étangs. Enfin, cette foule toujours active et prévoyante, ces amis, ces familles réunies devant le toit paternel, s'occupent de la salaison des viandes et des provisions qui doivent alimenter la table. Le porc succombe sous le couteau meurtrier; on recueille son sang, la flamme pétillante enlève le poil grossier qui couvre sa peau; on dépèce sa chair. La joie, le bonheur, animent toutes les physionomies, et donnent de l'expression à chaque figure.

C'est ainsi que, savant imitateur de la nature, poète aimable, observateur profond, Teniers nous offre dans ces quatre compositions admirables une image fidèle de la vie champêtre, des mœurs douces et de l'industrie des villageois vertueux; et ces tableaux, embellis par un coloris frais et brillant, par tout le prestige de l'art, charment à la fois l'œil et l'esprit, et font naître les plus douces illusions.

Ces quatre tableaux ont fait partie de la magnifique galerie de Hesse-Cassel.

144. Les Joueurs de boule. — *Toile; hauteur, quarante-quatre pouces; largeur, soixante-huit.*

Devant la porte d'un estaminet, plusieurs villageois s'amusent à jouer à la boule. Deux d'entre eux, ayant déjà lancé les leurs, attendent au but, avec une inquiète attention, celles de leurs camarades de partie. Tout près de ceux-ci est un des insatiables amateurs de tabac et de bière, qui ont toujours la pipe et la cruche à la main. D'autres personnages regardent les joueurs. Une servante apporte à l'un d'eux une *tartine* et un pot; le cabaretier marque sur le mur le nombre de ceux qu'on a déjà vidés. Au pied d'un côteau, sur un plan éloigné, on aperçoit un pâtre gardant un troupeau de brebis. Le ciel indique un jour de pluie.

Ce tableau capital ornait autrefois la galerie du gouverneur des Pays-Bas. On y admire, indépendamment d'une couleur argentine, cette prestesse de main, cette exécution nette et brillante, qui ont contribué à la réputation de Teniers, et lui ont mérité une des premières places entre les peintres les plus renommés pour leur habileté à manier le pinceau.

145. Le Chimiste. — *Bois, hauteur, vingt-un pouces; largeur, trente pouces six lignes.*

Un chimiste, dans son laboratoire, est debout devant un fourneau et souffle sous un creuset. A côté de lui est un jeune garçon tenant une fiole à la main. Trois laborateurs sont autour d'un billot, où l'un d'eux pile quelque chose dans un mortier; un quatrième place un petit vase sur un fourneau allumé. Un chat, des livres, des poteries et autres ustensiles à l'usage des chimistes, sont épars çà et là dans le laboratoire.

Ici encore se montre d'une manière bien évidente, tout ce qui constitue le talent facile, le pinceau enchanteur d'un homme à qui son art n'a jamais opposé de difficultés, et pour lequel peindre ou s'amuser durent être à peu près la même chose. Il y a des pensées dans la tête de ce chimiste; il semble qu'il parlerait s'il était moins occupé de son creuset. Ces livres, ces pots, ce chat, sont imités à s'y méprendre; ce désordre est bien celui d'un laboratoire.

146. La Diseuse de bonne-aventure. — *Toile; hauteur, trente-un pouces; largeur, quarante-cinq.*

Un paysan vient de rencontrer sur sa route quatre de ces Bohémiennes qui, naguère, colportaient par le monde les oracles de la chiromancie. Envieux de savoir les principaux événemens de sa destinée à venir, il présente l'intérieur de sa main à l'une de ces sorcières qui en examine les divers linéamens, et qui lui promet sans doute, pour quelques pièces de monnaie, une grande somme de bonheur. Deux de ces femmes, dont l'une tient un enfant dans ses bras, attendent que leur camarade ait achevé sa prédiction pour se remettre en route; la quatrième les devance de quelques pas. La mine sinistre et patibulaire de ces devins femelles, leurs accoutremens bizarres répondent à merveille à leur profession.

Cette petite scène, souvent répétée par Teniers, anime ici la gauche d'un paysage où la lumière répand un grand éclat. La droite est baignée par une rivière dont le cours passe, un peu plus loin, sous un pont servant d'accès à un grand château.

147. Paysage. — *Toile; hauteur, quarante-trois pouces; largeur, soixante-huit.*

Maître de sa touche, coloriste profond, habile dans tous les genres de peinture, Teniers savait monter sa palette sur tous les tons, et remplir avec la même aisance, avec le même esprit, ou une petite toile, ou une toile de grande dimension. Aussi, pour voir Teniers dans toutes les nuances de son talent, faut-il le voir dans un grand nombre de ses ouvrages. Celui-ci diffère de tous ceux qu'on vient de décrire. Il y a du Lorrain dans la dégradation des plans, du Salvator dans l'exécution, et cependant c'est un Teniers, un grand et beau paysage de Teniers.

Assis au bord d'une rivière, sur le devant d'un paysage montagneux, un berger s'amuse à jouer du haut-bois en gardant ses brebis, et captive l'attention d'un paysan qui s'est arrêté pour l'entendre. Une échappée de vue, entre une haute colline et des bouquets d'arbres, compose le fond de ce tableau.

138. Les Œuvres de miséricorde. — *Toile; hauteur, vingt-huit pouces; largeur, trente-huit.*

Teniers a plusieurs fois exercé son esprit sur cette moralité sublime, qui lui fournissait l'occasion de mettre en scène une multitude de personnages des deux sexes et de conditions différentes. Mais, il faut le dire, au moyen des variantes qui distinguent chacune de ses compositions, elles ont toutes le double avantage d'intéresser le cœur, et de plaire aux yeux par une sorte de nouveauté.

Plus de trente figures enrichissent le premier plan de ce tableau. L'action principale représente un homme riche accompagné de sa femme, aidé de ses serviteurs, et distribuant aux pauvres de la nourriture, des vêtemens et de l'argent. D'autres sujets appellent successivement l'attention sur tous les plans du tableau, et complètent la représentation des Œuvres de Miséricorde.

149. La partie de dés. — *Toile; hauteur, quinze pouces; largeur, vingt.*

Il faut bien se garder de croire que l'ordre suivi pour l'inscription des ouvrages de Teniers, dans ce Catalogue, ait été réglé d'après leurs différens degrés de mérite; c'est à quoi l'on n'a aucunement songé : le hasard seul a donné cet arrangement. Le tableau des joueurs de dés, on le verra bien, est, certes, l'un des plus parfaits, l'un des plus notables de la collection; l'un de ceux qui ont mérité à leur fécond et spirituel auteur un rang si élevé parmi les peintres de scènes familières. On voit, dans ces joueurs et dans ceux qui les regardent, autre chose que des formes humaines bien dessinées, que des figures bien coloriées; il y a encore en eux attention, réflexion, occupation d'esprit; en un mot, tout le langage des traits du visage.

Deux hommes sont assis, face à face, à une table ronde, au milieu d'une salle d'estaminet : l'un tenant sa pipe, l'autre un coude sur la table et la tête appuyée sur sa main. Un troisième, un quatrième, sont debout derrière eux. Ce sont de simples spectateurs; il n'y a que de la curiosité dans leurs traits; mais on lit dans ceux de l'homme accoudé, attention prononcée, inquiétude, fortune contraire. Il attend le point que va amener son adversaire, placé debout près de la table, et prêt à y lancer les dés. Non, on ne peut donner plus d'expression, plus de vie à une peinture. Dans le fond de la salle est un homme vu par le dos. Ailleurs est le maître de la maison, qui sort avec un pot qu'il va remplir.

Un pareil tableau ne se décrit point; il faut le voir pour l'apprécier.

150. Kermesse, ou Fête de village. — *Toile; hauteur, dix-sept pouces; largeur, vingt-six.*

On a déjà décrit dix compositions de Teniers, toutes différentes les unes des autres, et, toutefois, on est loin d'avoir passé en revue les divers genres de sujets que l'intarissable pinceau de cet artiste a été capable de traiter.

Le titre de Kermesse fait connaître d'avance qu'il s'agit ici de joie naïve, de gaîté bruyante, de danse, de bonne chère et de vin. Comment cette image du bonheur de la plus laborieuse classe du peuple n'amuserait-elle pas tous les yeux? Ce joueur de musette monté sur un tonneau, ces six danseurs formant une chaîne, ces quatre hommes qui les regardent, et parmi lesquels est un vieillard courbé et appuyé sur son bâton; ces autres paysans assis autour d'une table, et dont l'un va boire aux appas de sa grosse voisine; ce paisible groupe composé d'une femme donnant le sein à son enfant, et placée à l'écart avec son époux; cette active servante qui va d'un écot à un autre; cet ivrogne qu'on entraîne malgré lui : ce sont là autant de scènes où la variété se joint au naturel le plus parfait. Combien d'autres figures encore, que d'accessoires qu'il serait superflu d'énumérer! que d'esprit et de légèreté dans l'exécution!

151. Kermesse. — *Cuivre; hauteur, cinq pouces; largeur, huit.*

La scène se passe devant un cabaret; et c'est encore, comme dans le précédent tableau, une joyeuse réunion de paysans belges, buvant, fumant, sautant, oubliant dans le plaisir les travaux et les soucis de la semaine. Deux d'entre eux, homme et femme, exécutant une danse au son d'une musette, sont entourés de plusieurs curieux. Quelques-uns de ceux-ci ont le verre ou la pipe à la main; on en voit d'autres qui paraissent faire entendre à leurs voisines qu'ils ne recevraient pas d'elles, sans plaisir, une faveur qu'elles se font un jeu de faire désirer. La droite de la composition est occupée par le cabaret; à la gauche, dans le lointain, on remarque la flèche d'un clocher.

Ce joli tableau provient du cabinet Saint-Victor; c'est, en quelque sorte, une miniature.

152. Paysage.—*Bois; hauteur, huit pouces; largeur, onze.*

Vers la fin d'un beau jour, un pâtre, assis sur un quartier de rocher, sa houlette à côté de lui, charme, par les airs qu'il joue sur son hautbois, un paysan qui s'est arrêté pour l'écouter. Trois brebis et quatre chèvres forment son petit troupeau. A quelque distance, on aperçoit un château dont l'entrée est défendue par deux tours, et au milieu duquel s'élève un très-haut donjon.

Ce petit tableau est d'une couleur blonde, et du *faire* le plus soigné de l'auteur.

153. Paysage avec effet de lune. — *Bois; hauteur, cinq pouces deux lignes; largeur, sept pouces huit lignes.*

Il est composé d'une rivière, d'un chemin et d'une petite maison couverte de chaume. Un villageois, vu par le dos à la porte de sa demeure, est censé y rentrer; deux autres sont représentés dans l'attitude de gens qui se sont arrêtés pour causer. La lune, qui commence à paraître, est à moitié cachée par l'horizon.

On dirait que Teniers a soufflé la couleur sur ce petit tableau, tant elle a de transparence et de légèreté.

TERBURG (Gérard Ter-Borch, ordinairement appelé).

154. La Toilette d'une jeune femme. — *Bois; hauteur, dix-sept pouces; largeur, treize.*

Une jeune dame hollandaise, assise devant sa table de toilette, les yeux fixés sur son miroir, roule dans ses doigts une mèche de ses cheveux, tandis que sa servante, placée derrière elle, y passe le peigne pour les démêler. Ces deux figures sont représentées à mi-corps, dans une chambre à coucher.

Le corps de la dame est couvert d'une camisole de velours rouge, bordée d'hermine. Une boîte et un chandelier sont posés sur le tapis qui couvre la table. Ce dernier meuble est placé en avant et tout près d'une cheminée à colonnes.

Couleur, effet, exécution, tout est d'une égale douceur dans ce précieux tableau; les nus y sont correctement dessinés, les draperies, d'une rare vérité et du plus grand fini; en un mot, c'est une de ces productions où Terburg s'est élevé au faîte de son beau talent.

TOL (Dominique Van).

155. La Dentellière.—*Bois; hauteur, treize pouces; largeur, dix.*

C'est une jeune fille. Le peintre l'a représentée assise sur une chaise, le corps de profil, la tête presque de face, et les deux mains posées sur son métier à dentelle. Elle a suspendu son travail, et son regard distrait se porte sur le spectateur; mais ce regard n'exprime autre chose que le calme insouciant de l'innocence. Devant elle est une table couverte d'un tapis, sur lequel sont posés des carottes, un petit baquet renversé, une écuelle, une aiguière et un gobelet d'étain. Un petit garçon dont le corps est presqu'entièrement caché par la table, est à la droite de la gentille ouvrière, et paraît tout émerveillé de l'ouvrage dont elle est occupée. Ces deux enfans sont dans une chambre planchéiée, qu'éclaire une fenêtre garnie de rideaux. Une porte cintrée communique avec une salle à manger, où l'on aperçoit quatre autres personnages à table et servis par un valet. Un portrait attaché à la muraille, et divers ustensiles de ménage, enrichissent encore le fond de ce joli tableau.

VAN OS (J.).

156. Fruits et Fleurs.—*Bois; hauteur, vingt-neuf pouces; largeur, vingt-un pouces six lignes.*

Sur une table de marbre, à côté d'un melon et de plusieurs grenades, sont posées une grande coupe et une corbeille, toutes deux remplies de prunes, d'abricots, de groseilles, de pêches et de raisins, autour desquels voltigent une demoiselle-mouche et un paon de nuit. A ces fruits, qui sont rendus avec beaucoup d'art et de vérité, se mêlent les fleurs d'une tige de rose-trémière, sur laquelle se repose une mésange.

J. Van Os est du petit nombre des peintres hollandais de la dernière école, qui ont excellé dans la représentation des fruits et des fleurs.

VELDE (Adrien Vanden).

157. Paysage pastoral. — *Toile; hauteur, quatorze pouces six lignes; largeur, seize pouces neuf lignes.*

Dans ce tableau, tout est simple et vrai comme la nature. En le considérant, les yeux cèdent à l'illusion, et les jouissances qu'il procure à l'esprit font oublier l'art dont le peintre à usé pour nous séduire. Aussi cet ouvrage admirable réunit-il à l'exécution la plus précieuse, toutes les perfections qui distinguent si éminemment les meilleurs ouvrages de Vanden Velde.

Une bonne villageoise, assise au milieu d'un paysage, près d'un ruisseau, presse tendrement un enfant contre son sein, et lui donne à téter; à ses pieds est un petit garçon qui caresse un chien. Ce fidèle animal garde avec sa maîtresse un troupeau de vaches, de chèvres et de brebis, qui paissent, ruminent ou se reposent autour d'eux.

Que d'intérêt dans cette peinture naïve de la vie pastorale! que l'âme trouve de douceur à s'abandonner aux sentimens qu'elle lui inspire! On jouit du bonheur de cette mère, on croit entendre bêler ses brebis.

158. Paysage. — *Bois; hauteur, onze pouces; largeur, treize.*

A l'avant-scène, espèce d'enceinte environnée d'arbres qui ne laissent apercevoir qu'un peu de lointain, un homme, vu par le dos et monté sur un cheval gris, vient de-s'arrêter pour causer avec une villageoise qu'accompagne un enfant. Cette femme, qui est assise sur un tronc d'arbre, près d'une fontaine, est la gardienne d'un riche troupeau, composé de vaches et de brebis, les unes errant ou paissant autour d'elle, les autres couchées et en repos.

Ce tableau a fait partie de ceux qui composaient le magnifique cabinet de Claude Tolosan, et se trouve décrit au N° 134 du Catalogue de ce cabinet, avec des éloges si mérités qu'ils auront toujours de l'écho dans la bouche des connaisseurs. Peu d'ouvrages de Vanden Velde sont d'un effet aussi brillant; aucun n'est ni plus agréable, ni plus parfait.

159. La prairie. — *Bois; hauteur, treize pouces; largeur, seize pouces neuf lignes.*

Un cheval, quatre vaches, une chèvre et deux brebis, sont rassemblés dans un coin de prairie que borde une large rivière, où plusieurs de ces animaux sont venus se désaltérer. Au-delà de cette rivière et aux deux côtés du point de vue, s'étendent en pointe des terres basses, bordées d'arbres verts entre lesquels on distingue une chaumière et les toits d'un château. Un grand nuage que percent les rayons du soleil, couvre une partie du ciel et répand son ombre sur le devant du paysage.

Ce tableau, où Vanden Velde semble avoir eu l'intention de se rapprocher de Paul Potter, par qui il avait été précédé de quelques années dans la belle carrière qu'ils ont l'un et l'autre si glorieusement parcourue; ce tableau, disons-nous, provient du riche cabinet Saint-Victor (*Voyez* le n° 161 du Catalogue de ce Cabinet). Il est assurément très-remarquable dans toutes les parties de l'art; mais il se distingue surtout entre les autres productions de l'auteur, par un coloris plein de fraîcheur et d'éclat.

160. PAYSAGE. — *Bois ; hauteur, treize pouces ; largeur, douze pouces trois lignes.*

Une chapelle tombée en ruine et abandonnée, à laquelle est attenante une grande porte cintrée sous laquelle passe un chemin rural, forme, à notre gauche, plus de la moitié du point de vue. A notre droite, il se compose d'une colline fortifiée, dont la base est masquée par des arbres qui se réfléchissent dans une rivière. Sur le devant, deux vaches, une chèvre et quatre brebis, marchent devant un villageois à cheval, qui paraît causer, chemin faisant, avec un piéton qui est à côté de lui. Derrière ces deux hommes vient un jeune garçon portant un bissac sur ses épaules.

Ce tableau ornait ci-devant la collection du président de Saint-Victor. (*Voyez* le n° 162 du Catalogue).

161. PAYSAGE PASTORAL. — *Bois ; hauteur, six pouces ; largeur, huit.*

Sur le premier plan est une mare, où deux brebis et un bœuf sont venus se désaltérer. Une vache et d'autres brebis se reposent un peu plus loin, sur le gazon. La paysanne qui garde ces animaux est assise à terre, le coude appuyé sur un tronc d'arbre ; son attitude est celle d'une personne qui s'abandonne à de tristes rêveries. De grands arbres forment une espèce de rideau devant l'horizon.

VELDE (Guillaume Vanden).

162. Vue du Zuyderzée. — *Toile; hauteur, vingt-cinq pouces; largeur, trente-un.*

L'air ne donne que de légers signes de vent. La surface des eaux, à peine ridée çà et là par le mouvement de quelques barques, réfléchit de tous côtés la teinte grisâtre d'une atmosphère vaporeuse. Malgré ce calme, plusieurs gros navires de la Compagnie des Indes viennent d'entrer dans le golfe et d'y jeter l'ancre. Beaucoup plus près, c'est-à-dire vers le second plan, est un vaisseau à deux ponts qui vient aussi de mouiller, et dont tout l'équipage est dans un grand mouvement. Sur le tillac, sur les gaillards, dans les haubans, dans les hunes, le long des vergues, le matelot est partout à son poste, exécutant ou s'empressant d'exécuter la manœuvre qui lui est assignée. Ce vaisseau est celui qui escortait les autres navires. Son canot, promptement mis à la mer et conduit par six rameurs, s'avance vers le rivage, où sans doute il porte l'officier chargé d'annoncer la nouvelle de l'heureuse arrivée du convoi.

Sur le premier plan, à main gauche, deux barques sont amarrées bord à bord, à l'extrémité d'une jetée de bois dont elles paraissent être sur le point de s'éloigner. La grande voile de l'une de ces barques est déjà déployée; mais, à défaut de vent, un matelot file un grelin, pour la remorquer, à deux de ses camarades qui sont dans une chaloupe. Sur l'autre barque touchant encore à la jetée, on remarque un marin causant avec un passager.

L'extrême rareté des ouvrages de Guillaume Vanden Velde est de toutes les causes qui en relèvent le prix, celle dont il importe le moins de vouloir tirer avantage par rapport à la marine dont il s'agit. Une considération beaucoup plus puissante, beaucoup plus propre à faire valoir ce superble tableau, c'est la somme de mérite qui s'y montre, cette excellence dans toutes les parties de l'art, à laquelle il est si difficile d'atteindre, même avec un immense talent. Il est reconnu qu'aucun peintre n'a rendu comme Guillaume Vanden Velde le calme des flots, leur limpidité, leur étendue, leur union parfaite avec le ciel qui les colore; qu'aucun n'a été plus instruit que lui dans tout ce qu'il convient de savoir pour rendre fidèlement un sujet maritime; qu'aucun enfin, parmi ceux qui se sont distingués dans le même genre de peinture, ne peut lui être comparé pour la délicatesse, le moelleux, la pureté du pinceau. Quelle vigueur de coloris dans le tableau qu'on vient de décrire! Qu'il y a de profondeur, et que chaque figure, si petite qu'elle soit, est dessinée et touchée avec esprit!

Trois autres productions de ce maître vont être décrites ci-après. Si l'on s'abstient de les louer autant qu'elles le méritent, c'est pour ne pas fatiguer le lecteur.

---

163. Marine. — *Toile; hauteur, seize pouces neuf lignes; largeur, vingt-un pouces dix lignes.*

Une flotte hollandaise, composée de douze navires à trois mâts et armés d'un rang de canons, arrive sur une rade pour y mouiller. Une forte brise enfle les voiles et agite la surface des flots; quelques nuages s'élèvent au-dessus de l'horizon.

Tous les tableaux de ce peintre réunissent au coloris le plus vrai une rare beauté de pinceau; mais peu sont aussi riches de composition que celui-ci.

164. Vue d'une rade de Hollande. — *Toile; hauteur, vingt-deux pouces six lignes; largeur, vingt-huit pouces quatre lignes.*

Ce tableau capital représente une immense perspective de mer calme, et couverte d'une infinité de navires de constructions et de grandeurs différentes, groupés ou épars, et parmi lesquels on distingue des vaisseaux de guerre, de grands navires de commerce, d'élégans yachts, des barques, des chaloupes et de légers canots.

Dans ce riche ouvrage, on a le spectacle aussi vrai qu'intéressant de cette diversité de manœuvres maritimes, de cette activité, de cette agitation, qu'on remarque à certains jours, sur la rade d'un grand port.

—

165. Vue d'un rivage de Hollande. — *Toile ; hauteur, seize pouces ; largeur, vingt.*

C'est l'heure du reflux ; la marée descendante vient de laisser, engravée, une barque que des pêcheurs sont occupés à remettre à flot. Pendant ce temps, deux autres pêcheurs, l'un debout, l'autre assis, causent sur la plage ; un chien aboie contre le dernier. A quelques pas de ces deux hommes, on en voit un troisième qui traîne un morceau de bois abandonné par la mer. Une seconde barque est échouée sur le rivage, et tout-à-fait hors de l'eau.

La couleur dominante de cet excellent tableau fait sentir de la manière la plus parfaite, et l'air humide, et le vent froid, et le ciel nébuleux de la Hollande, à l'approche de l'hiver. Vanden Velde n'a pas rendu avec moins de vérité le mouvement causé par le reflux. C'est un flot qui s'élève, se brise en écumant et se déroule sur la plage ; après ce flot, c'en est un autre qui produira les mêmes effets ; puis, ce sont des vagues, une mer sans fin et l'horizon. Quelques barques voguent dans le lointain sur cette mer qu'agite un vent frais.

VER BOOM (A. H.) et VELDE (Adrien Vanden.)

166. Paysage. — *Toile ; hauteur, vingt-neuf pouces neuf lignes ; largeur, trente-six pouces.*

A main gauche, tout-à-fait sur le devant du tableau, un pêcheur est arrêté sur le bord d'un courant d'eau, où sans doute il a tendu quelques filets. Sur la droite, dans un sentier tortueux, une villageoise marche à côté d'un homme qui conduit aux champs un troupeau de trois vaches et de huit brebis. Plus loin, dans le même sentier, cheminent encore un piéton et un cavalier; celui-ci passe à côté d'un pauvre qui paraît invoquer sa charité.

Ces diverses figures que Vanden Velde a peintes avec tout le soin imaginable, formeraient à elles seules un ouvrage de prix. Quant au paysage, Ver Boom s'y est surpassé. C'est la vue d'une forêt répandant un ombrage frais sur le penchant d'une montagne. Les arbres sont dessinés et exécutés en maître. Le coloris est agréable ; quelques accidens de lumière produisent un bon effet. On voudrait être à l'ombre de ces chênes touffus, et de là promener ses regards sur la vaste contrée que domine cette montagne.

Campo-Veyerman, Houbraken, Descamps, ont également ignoré l'existence de Ver Boom et de ses productions, puisqu'ils n'en parlent point. Mais il en est question dans l'ouvrage d'Adam Bartsch, vol. IV, f° 71, à l'occasion de deux gravures à l'eau-forte, où, suivant cet écrivain, Ver Boom a montré beaucoup de goût et d'esprit.

Le beau paysage dont nous venons de parler provient du riche cabinet de M. Van Helsleuter, d'Amsterdam, dont la vente se fit à Paris, en janvier 1802.

WERFF (le Chr Adrien Vander).

167. Les apprêts pour la sépulture de Jésus. — *Toile; hauteur, vingt-quatre pouces; largeur, vingt-un.*

Détachée de la croix et déposée près du sépulcre, sur une pierre recouverte d'un linceul, la dépouille mortelle de Jésus-Christ est entourée de saintes femmes et de plusieurs apôtres qui se sont réunis pour lui rendre les derniers devoirs. Parmi ces charitables et fidèles serviteurs, ou distingue Joseph d'Arimathie, soutenant la tête pâle et inanimée de son maître, tandis que la Vierge en détache la branche d'épines dont les Juifs se sont fait un jeu atroce de le couronner. Cette action de Marie est une preuve de la sollicitude que lui causent encore les restes d'un fils qu'elle adorait; sollicitude aussi courageuse que touchante, sans laquelle la mère de Jésus n'aurait plus assez de force pour supporter le poids de ses souffrances. On ne pouvait rendre ce caractère d'une manière plus pathétique. Il y a aussi beaucoup de sentiment dans celui de Madeleine, embrassant une dernière fois la main de celui qu'elle accompagnerait volontiers jusque dans le tombeau. Deux autres femmes sont à genoux aux pieds de Jésus; à leurs regrets moins vivement exprimés s'unit une profonde vénération. Plusieurs disciples du Christ, que l'auteur a représentés dans la demi-teinte, assistent à cette lugubre cérémonie, ou prennent part aux soins dont elle leur fait un dernier devoir. Le ciel est couvert d'un voile funèbre ; on dirait que la nature est en deuil.

168. La sainte Famille. — *Bois ; forme cintrée ; hauteur, vingt-quatre pouces ; largeur, seize.*

Placée entre son époux et son fils, tous deux goûtant les douceurs du sommeil, la vierge Marie soutient la tête et l'une des jambes de ce fils adoré, et le contemple avec un ravissement que le cœur d'une mère comprendra beaucoup mieux que la plus éloquente plume ne pourrait l'exprimer.

Une forte ombre s'étend sur les deux figures de Joseph et de Marie, et contraste avec la vive lumière qui éclaire tout le corps de l'enfant Jésus.

WITTE (Emmanuel de).

169. Intérieur d'église.—*Toile, hauteur, quarante-deux pouces ; largeur, trente.*

Ce tableau tromperait les yeux, si la bordure dont il est encadré ne les avertissait que c'est simplement un prestige de l'art, une de ces illusions qu'il a été donné à quelques peintres d'opérer.

En le considérant, on est censé retenu vers le bas de la grande nef, et tourné de manière à voir devant soi une des nefs latérales, l'entrée d'une chapelle et une petite partie de la balustrade qui ferme le chœur. Un magnifique mausolée, entouré d'une grille, attire particulièrement les regards sur la gauche du tableau. Les autres parties sont entrecoupées de piliers où pendent des écussons et des étendarts, et autour desquels il semble qu'on pourrait se promener. Mais ce qui produit le plus d'effet dans cette église, se sont les deux espèces de lumière qui y règnent; l'une venant du Septentrion, et ne donnant qu'un jour froid; l'autre provenant de reflets dorés, occasionnés par la clarté du soleil. De Witte est, parmi les coloristes hollandais, un de ceux qui ont le mieux fait sentir ces deux sortes de lumière.

C'est dans l'église neuve de Delft qu'à été prise cette vue. Le mausolée est celui de G. de Nassau, qui la fit rebâtir de concert avec les états de Hollande, après l'incendie de 1536.

WOUWERMAN (Philippe.)

170. Les Pélerins.— *Bois; hauteur, onze pouces sept lignes; largeur, douze pouces cinq lignes.*

A la porte d'une hutte couverte de chaume, et en partie fermée par un grand morceau de vieille toile, une pauvre cabaretière, mère de quatre enfans, dont elle tient le plus jeune dans ses bras, fait donner par une autre femme des rafraîchissemens à deux pélerins, l'un debout vis-à-vis d'elle, le second assis sur un panier renversé.

Derrière cette femme charitable est un homme qui tire du vin d'un tonneau, pour le servir à deux voyageurs; l'un de ceux-ci est monté sur un cheval, l'autre fait manger l'avoine au sien. On voit venir à peu de distance un paysan et une paysanne, tous deux chargés de paquets.

On s'étonne, chaque fois qu'on songe à Wouwerman, de la variété infinie de ses scènes, du naturel qui règne dans toutes, et enfin du goût qu'il a mis dans la disposition et l'arrangement des moindres objets. D'une simple hutte il a fait ici quelque chose de très-pittoresque, au moyen de cet arbre qui en est un des appuis angulaires, et de ce lambeau de toile qui la ferme à moitié. Dans ses figures, c'est toujours un peintre extraordinaire, en ce qu'il a rendu avec une rare sagacité et jusque dans leurs moindres nuances, le maintien et les habitudes qui conviennent à chaque âge ainsi qu'à chaque profession.

171. Le maréchal ferrant. — *Bois ; hauteur, douze pouces neuf lignes ; largeur, onze pouces sept lignes.*

A l'entrée d'une grotte qui lui sert de forge et de demeure, un maréchal ferrant, un genou à terre, visite les pieds d'un cheval blanc, qu'un jeune garçon tient par le licou. Pendant cette visite qui excite l'attention d'un paysan, l'enclume est occupée par deux ouvriers qui façonnent un fer à coups de marteau. La femme du maréchal, assise par terre, en dehors de sa sombre habitation, dort à côté du berceau de son enfant. Un peu plus loin, dans un chemin montant que dominent les restes d'un ancien édifice, on voit un homme qui emploie toutes ses forces à pousser un charriot que quatre chevaux ont de la peine à traîner. A main gauche, la vue est récréée par des lointains où se déroule une vaste étendue de pays.

Ce petit tableau est, comme la plupart de ceux de Wouwerman, une de ces créations pittoresques où le goût, le savoir et l'adresse de la main se disputent à l'envi les suffrages des connaisseurs.

172. CHASSE AU FAUCON. — *Toile; hauteur, quinze pouces six lignes; largeur, vingt-un pouces.*

Cette chasse a lieu le matin; c'est ce qu'indique clairement la vapeur fraîche et bleuâtre qui circule dans l'atmosphère. Le paysage est riant et découvert; il offre une perspective immense où l'œil découvre successivement des champs en culture, des prairies, des bois taillis, des collines sablonneuses, des chaumières et quelques moulins à vent. A main droite, sur un plan un peu reculé, la vue est arrêtée par une ferme entourée d'arbres. Sur le premier plan, qui est formé d'un chemin, sont distribués les principaux personnages de la scène dont l'auteur s'est plû à enrichir son tableau. Il y a dans le dessin de ces figures, ainsi que dans celui des animaux, toutes les qualités qu'on admire dans les productions de Wouwerman, toute la grâce, toute la correction possibles.

Un oiseau de leurre, auquel on a laissé prendre l'essor, attaque un héron, et amuse les regards de trois gentilshommes hollandais en partie de chasse. L'un d'eux est debout près de son cheval, qu'il tient par la bride; un autre est affourché sur le sien; le troisième arrive au galop. Deux fauconniers viennent se rallier aux chasseurs. Pendant ce temps, un piqueur suivi d'un chien est allé près d'une mare, où il puise de l'eau dans sa main pour se désaltérer; un autre se repose sur le bord du chemin Un bouquet d'arbres étend à droite de légers rameaux devant le ciel, et couronne agréablement les plans inférieurs du tableau.

Wouwerman a souvent peint des chasses; mais, grâce à la richesse de son imagination, elles n'ont entre elles aucune véritable ressemblance : figures, accessoires, sites, heures du jour, saisons, tout s'y montre sous un aspect différent. Personne n'a su mieux que lui choisir les circonstances propres à les diversifier et à leur donner de l'intérêt.

173. HALTE DE CHASSEURS. — *Cuivre; hauteur, dix pouces six lignes; largeur, douze pouces neuf lignes.*

Des chasseurs, tous à cheval, ont choisi pour rendez-vous ou point de ralliement, le bord d'une rivière, à quelques pas d'un petit pont de bois. L'un d'eux, le regard tourné vers une dame qui est à cheval, attend, pour remonter sur le sien, qu'un valet en ait resserré la sangle ou disposé les étriers. De deux autres chasseurs restés en selle, l'un est vu par le dos et porte un faucon sur le poing, l'autre fait boire sa monture à la rivière. En deçà du pont vient un cinquième cavalier suivi de deux piqueurs. Des valets de chasse tenant des chiens en lesse attendent le départ des chasseurs. Sur l'autre bord de la rivière, dans un endroit ombragé par un arbre, une femme s'occupe à laver du linge.

174. Le Maréchal Ferrant. — *Bois ; hauteur, onze pouces sept lignes ; largeur, douze pouces neuf lignes.*

Un maréchal, en dehors de sa forge, est occupé, avec un de ses ouvriers, à ferrer un cheval blanc qu'un jeune garçon tient par la bride. A cette opération sont présens deux cavaliers, l'un debout à côté de sa monture, l'autre affourché sur la sienne. Pendant ce temps, un médecin vétérinaire, assisté par un autre homme, fait avaler un breuvage à un cheval malade, attaché entre les quatre piliers qu'en maréchalerie on nomme travail. Dans l'intérieur de la forge, un artisan est à l'enclume. Quatre autres figures enrichissent le fond du tableau. Elles sont placées à l'issue d'un pont, tout près des murs d'une ville fortifiée. Le ciel est couvert d'épaisses nuées semblables à celles qui annoncent les orages.

175. Paysage. — *Toile ; hauteur, dix-huit pouces ; largeur, vingt-deux pouces six lignes.*

Près d'une habitation rustique située à la gauche d'un paysage, une jeune Hollandaise, occupée à traire une chèvre, a fait naître un subit accès de familiarité dans l'esprit d'un rustre, qui engage une petite lutte avec elle, et dirige son attaque du côté du fichu. La défense est légère et se fait en riant, ce que toutefois on a soin de cacher en baissant un peu la tête. Un vieillard, une femme et un petit garçon voient le débat et s'en amusent. Le premier est avec un enfant à la porte de l'habitation ; la femme est appuyée sur la margelle d'un puits, où elle vient de tirer de l'eau. Tout à côté de ces différens personnages, est un valet donnant de l'herbe à un cheval qu'un villageois attend pour se remettre en route. A la droite du tableau, vers le second plan, on voit venir deux hommes montés sur des chevaux ; un troisième abreuve le sien à une rivière où des jeunes gens sont prêts à se baigner.

Ce tableau et les deux précédens sont encore de ceux où l'on admire toutes les perfections qui distinguent les ouvrages de l'auteur.

176. Le départ de l'hotellerie. — *Bois ; hauteur, treize pouces six lignes ; largeur, dix-huit pouces.*

Dans une écurie très-spacieuse, dont l'entrée donne sur la campagne, deux voyageurs sont venus prendre leurs chevaux, et se disposent à se mettre en route. L'un d'eux, déjà en selle, fait arranger ses étriers par un palefrenier; le cheval qu'il monte est blanc, très-fin et d'une belle taille. L'autre voyageur tient encore son cheval par la bride ; le mouvement de cet animal dénote beaucoup de vivacité. Dans le fond, un autre valet attache au ratelier deux chevaux qui viennent d'arriver. Dans la partie la plus avancée du tableau, on voit deux enfans, dont l'un est monté sur un petit chariot traîné par un chien.

Un troisième est à la porte de l'écurie, à côté de deux hommes qui s'amusent à regarder un combat de coqs.

Dans la campagne, on voit à cheval un gentilhomme et sa dame, tous deux coiffés de chapeaux à panache. Un pauvre les suit en leur demandant l'aumône.

Rien de plus naturel que toutes ces petites scènes, où les manières de chaque âge, de chaque condition, sont rendues avec une finesse d'esprit peu commune. Les figures principales sont remarquables pour la noblesse que Wouwerman a su leur donner, pour la grâce avec laquelle elles sont vêtues. A tout cela il faut ajouter le plus beau pinceau imaginable, une couleur chaude et vigoureuse, une lumière bien conduite, de l'harmonie et de l'effet. En un mot, ce beau tableau est un de ceux qu'on nomme morceaux de choix.

WYNANTS (Jean) et WOUWERMAN (Philippe).

177. *Toile; hauteur, quarante-trois pouces; largeur, cinquante.*

Les plus grands tableaux de Jean Wynants sont, pour la plupart, des peintures de décoration qu'il exécuta très-lestement dans les dernières années de sa vie, et qui se ressentent plus ou moins de leur destination. On commence par avertir les amateurs que ce n'est point un tableau de cette espèce que l'on annonce ici, mais un tableau peint avec soin, et d'une extrême vérité; un de ces tableaux qui transportent le spectateur aux lieux mêmes qu'ils représentent, et dans lesquels la nature, retracée avec une rare exactitude, est encore embellie des grâces du talent. Philippe Wouwerman eût-il consenti à l'enrichir de figures, s'il ne l'en eût pas trouvé digne ?

Deux chemins tracés l'un à côté de l'autre forment à l'avant-scène un vaste emplacement, dont la droite est bornée par deux troncs d'arbres dépouillés de leurs branches ; la gauche, par une porte et un mur en ruine, faisant partie de l'enceinte d'un village. De cette porte viennent de sortir un homme chargé d'une hotte, et une femme montée sur un âne que précèdent un chien et quatre brebis. Sur le bord du chemin qui est à main gauche, se reposent deux paysans dont l'un porte un paquet sur son dos ; dans l'autre chemin s'avance un cavalier auquel un mendiant, accompagné de sa famille, demande l'aumône le chapeau à la main. Un peu plus loin, un voiturier conduit un chariot couvert et attelé d'un seul cheval. Sur des plans plus reculés se voient encore un voyageur couvert d'un manteau, deux villageois causant ensemble et des moissonneurs occupés dans un champ. Des dunes sablonneuses terminent le point de vue.

Le seul nom de Philippe Wouwerman doit suffire à l'éloge des figures qui ornent ce paysage. Ce peintre inimitable et jaloux de son talent n'est jamais descendu au-dessous de lui-même. Pour le paysage, c'est la nature avec toutes ses richesses et toute sa fraîcheur, sans que les détails nuisent à l'effet des grandes masses.

WYNANTS (Jean) et VELDE (Adrien Vanden).

178. Paysage. — *Bois*; *hauteur, onze pouces cinq lignes*; *largeur, quatorze pouces neuf lignes.*

De tous les peintres qui n'ont pas dédaigné d'ajouter des figures aux paysages de leurs confrères, Adrien Vanden Velde n'a eu d'égal que Ph. Wouwerman. La douceur de son pinceau est inimitable; il y a toujours harmonie parfaite entre sa couleur et celle des tableaux où l'on rencontre quelques figures de sa main. Mais aussi eut-il soin de ne jamais apposer son cachet que sur les ouvrages d'hommes dont le talent était à la hauteur du sien, quoique d'un genre différent.

Les figures que nous voyons ici se composent d'un jeune paysan vu par le dos, un bissac sur l'épaule, et conduisant avec son chien un petit troupeau de deux vaches et de quatre brebis. Un tel ornement ajoute sans doute beaucoup d'éclat au paysage de Wynants; et toutefois, sans cet ornement, il lui resterait encore assez de mérite pour plaire aux amateurs. Ce tableau a des charmes qui lui sont propres. Jamais la touche de Wynants n'est ni plus élégante ni plus légère; jamais sa couleur n'est ni plus vive ni plus piquante; rarement il a peint des sites aussi agréables. Sur le devant sont représentés des troncs d'arbres renversés et diverses plantes; un chemin tournant, moitié dans la demi-teinte, moitié éclairé par le soleil; et de plus une petite butte couverte de bois et dominée par un grand édifice. A droite, une rivière promène tranquillement ses eaux sinueuses à travers des prairies bordées de saules; apparaissent enfin quelques montagnes lointaines qui achèvent le point de vue.

WYNANTS (Jean) et LINGELBACH (Jean).

179. Paysage. — *Toile; hauteur; quarante-deux pouces six lignes; largeur, cinquante pouces six lignes.*

C'est encore ici une de ces rares et grandes pages où l'auteur a moins voulu nous éblouir par le faux éclat d'une touche vive et rapide, que nous contenter par une scrupuleuse imitation de la nature. Cette belle page est en outre enrichie de grandes plantes sauvages et de deux énormes troncs d'arbres; choses, comme on sait, qu'il aimait à peindre, et que les amateurs se plaisent à rencontrer dans ses tableaux.

Ces troncs d'arbres séculaires, décrépits, mutilés, l'un encore sur pied et entouré de plantes, l'autre brisé et renversé par terre, occupent, à main droite, la moitié du premier plan : l'œil mesure avec surprise leurs dimensions colossales. De ce côté, le site est borné par deux maisons bâties en briques et couvertes de chaume. L'autre partie du premier plan est composée d'un chemin, où l'on voit venir une jeune fille marchant sur les pas d'un villageois chargé d'un paquet; vers l'extrémité du chemin, une pauvresse portant un enfant et suivie d'un petit garçon, s'arrête devant l'une des maisons pour implorer l'assistance d'un homme, qui, du seuil de sa porte, jette du grain à de la volaille. A quelques pas plus loin, un jeune porcher chassant devant lui un troupeau de cochons, se dirige vers un épais massif d'arbres, à la droite duquel on jouit d'une échappée de vue. Un peu d'obscurité annonce que le jour approche de sa fin.

Les figures qui animent ce paysage sont de Lingelbach. Elles sont bien dessinées, distribuées avec goût, et touchées avec esprit.

180. La maison rustique. — *Bois; hauteur, treize pouces; largeur, dix-sept.*

Beaucoup de personnes sont d'avis qu'avec du talent il faut moins de choses qu'on ne se l'imagine pour faire un excellent tableau. Celui-ci appuie fortement cette assertion. Nous l'admirons, et cependant que présente-t-il? Un large fossé plein d'eau et séparé par une bande de gazon d'un chemin semi-circulaire que borde une clôture de champ; quelques arbres, un appentis appuyé contre le pignon d'une maison rustique, et tout cela dans la seule étendue d'un premier plan. Mais, on est forcé d'en convenir, l'œil est bien dédommagé de la simplicité et du petit nombre de ces objets, par la fidélité d'imitation avec laquelle ils sont rendus. D'ailleurs, cette clôture formée de troncs d'arbres, de pieux et de vieilles planches, où la paille remplit quelques vides; cette maison, moitié de bois, moitié de briques, avec son toit de chaume, et se détachant sur une espèce de rideau de verdure, sont d'un aspect si pittoresque, que l'attention s'y arrête volontiers sans désirer rien de plus.

Lingelbach a orné ce paysage de trois figures : un homme chargé d'une hotte, et une femme menant un enfant par la main. C'est encore un de ces morceaux choisis qu'on a long-temps admirés dans la cabinet Saint-Victor. Il est inscrit sous le n° 210 du catalogue des tableaux de ce fameux cabinet.

181. Paysage. — *Toile; hauteur, vingt-trois pouces neuf lignes; largeur, vingt-deux pouces six lignes.*

A main droite, on a la perspective d'une campagne montueuse, boisée et frappée de plusieurs accidens de lumière. A gauche est un monticule de terre argileuse où sont éparses quelques touffes d'herbes à moitié desséchées, et sur le sommet duquel se repose un paysan. Un autre homme en descend par un petit sentier bordé de planches grisâtres et mutilées, laissant entre elles des lacunes bouchées avec de la paille. Au bas et en avant de cette éminence, sont encore représentés deux chasseurs armés de fusils, et, près de l'un d'eux, un piqueur tenant des chiens en lesse. Ces figures, et d'autres qu'on remarque vers le second plan, sont de la main de Lingelbach et d'un admirable fini. Le chardon, la molène, les troncs d'arbres renversés, ornent encore le devant de ce tableau.

WEENIX (JEAN).

182. INSTRUMENS DE CHASSE ET GIBIER. — *Toile; hauteur, quarante-quatre pouces dix lignes; largeur, trente-huit pouces trois lignes.*

Le fond de ce tableau se compose d'une vue prise dans un parc. A terre, sur le devant, sont posés au pied d'un vieux chêne et réunis en un groupe, deux perdrix, un lièvre, une gibecière, un fusil et une plante de chardon. D'autres pièces de gibier et d'autres ustensiles de chasse sont attachés à l'une des branches de l'arbre.

Ce tableau est du nombre de ceux que les noms célèbres de leurs auteurs élèvent au-dessus des louanges qu'on pourrait leur donner. Weenix ,aucun amateur ne l'ignore, est un des hommes habiles qui ont excellé dans la représentation des objets de nature morte.

Ecole Française.

GELEE (Claude, dit le Lorrain).

183. Paysage vu en automne au coucher du soleil. — *Toile; hauteur, quarante-quatre pouces; largeur, cinquante-neuf.*

Assis à l'ombre d'un bouquet d'arbres dont le feuillage, quoique léger, le met à couvert des derniers rayons du soleil, un vieux berger garde, sur le penchant d'une colline, un nombreux troupeau de vaches, de chèvres et de brebis; ses mains sont armées d'un bâton, et ses regards dirigés sur deux muletiers qui traversent un pont, en chassant leurs bêtes de somme devant eux. De la colline, dont la partie basse se dérobe au spectateur, la vue plonge sur une vaste étendue de pays, divisé par un fleuve dont le cours sinueux et tranquille s'étend jusqu'à l'horizon. Sur toute la campagne tombe une vapeur légère qui ne laisse aux objets lointains que des formes et des couleurs incertaines; la végétation a perdu sa fraîcheur; les arbres, les plantes, les gazons, sont desséchés; à leurs nuances, naguère printanières, ont succédé les teintes brûlées de l'arrière-saison.

Devant un soleil couchant de Claude Lorrain, vous n'apercevez point le travail de la main: l'effet seul vous frappe, vous ravit; vous croyez voir la nature, c'est elle que vous admirez.

184. Port de mer. — *Toile; hauteur, vingt-huit pouces; largeur, trente-sept.*

La teinte bleuâtre qui se reflète sur tous les plans de ce tableau décèle l'intention du peintre : c'est le commencement d'une belle matinée qu'il a voulu représenter.

A la gauche du tableau, les eaux de la mer légèrement agitées, baignent le premier plan et y forment une entrée de port ou de chenal. Du côté opposé, une fontaine cache en partie un navire à trois mâts portant une batterie de canons. Par la manœuvre que font plusieurs hommes de l'équipage de ce bâtiment, on reconnaît qu'ils viennent d'en serrer les voiles. Une chaloupe prête à l'aborder y porte des ballots de marchandises; une seconde chaloupe, qui vient de toucher au rivage, est aussi chargée de divers objets que des matelots sont occupés à débarquer. A la droite, sur le deuxième plan, est une porte de ville ornée de colonnes; plus loin, s'élèvent deux tours, un mur crénelé et d'autres édifices, à peu de distance desquels flottent deux frégates à l'ancre. On voit dans le lointain plusieurs barques voguant en pleine mer, ou le long d'une côte de montagnes. Le soleil, un peu au-dessus de l'horizon, répand sur tous ces objets une douce lumière à laquelle se mêle la vapeur matinale.

Il est dit, dans le *Liber veritatis*, où le dessin de

cette marine se trouve gravé, qu'elle ornait autrefois le château du duc de Richelieu.

La couleur du tableau a beaucoup d'éclat; la composition, qui est riche et animée, est une de celles auxquelles la plupart des amateurs donnent la préférence.

185. Paysage. — *Toile; hauteur, dix-neuf pouces; largeur, vingt-cinq.*

Assis à l'extrémité de l'un des parapets d'un pont auquel aboutit un grand chemin bordé d'un ruisseau, un berger veille sur un nombreux troupeau de chèvres et de brebis, et montre une poignée d'herbes à l'une des premières, qui s'avance pour la venir prendre de sa main. Une partie du troupeau est éparse sur le chemin; l'autre broute au-delà, sur une pelouse ombragée par un bouquet de beaux arbres, dont l'épais feuillage domine et divise le reste du point de vue. A main droite, s'étend une vaste campagne; à gauche, est une colline tapissée d'une verdure sombre qui se réfléchit dans les eaux d'une rivière.

Ce paysage, remarquable par une rare vigueur de coloris, se distingue encore par cette dégradation de plans, cette belle simplicité, cette vérité, qui ne manquent à aucun des ouvrages de l'auteur.

186. Paysage. — *Toile; hauteur, quatorze pouces; largeur, dix-huit pouces six lignes.*

A la gauche de ce tableau s'élève une haute montagne dont la base, coupée par échelons, est en partie masquée par des groupes d'arbres ; du côté opposé, c'est une vaste étendue de mer de la couleur de l'azur, et qu'entourent des collines, de petits promontoires et des pics superbes qui se dessinent comme des ombres légères dans les vapeurs de l'horizon. Au premier plan, s'étend un terrain inégal dont le gazon sert de pâture à un riche troupeau de bœufs et de chèvres que garde un pâtre assis à l'ombre, au pied d'un rocher.

La couleur de ce paysage est celle qu'imprime aux campagnes une belle matinée d'été.

187. Énée a Carthage. —*Toile*; *hauteur, quarante-quatre pouces*; *largeur, cinquante-quatre.*

Quelques vers du quatrième chant de l'Énéïde ont suggéré à Claude Lorrain la pensée de ce beau tableau. Mais il a dû créer sur sa toile ces hautes murailles, ces tours fortifiées, ces temples, ces palais, ce port, cette Carthage enfin que Didon se plaît à montrer au héros troyen ; à cet hôte qui règne sur son âme, avec qui elle voudrait désormais tout partager, et dont la moindre absence trouble son repos. Voici à peu près comment le peintre a rendu ce que lui a inspiré le poète.

Au premier plan, on voit une plate-forme entourée d'un parapet, et dominant la ville et le port de Carthage, avec lesquels elle communique par de larges degrés. C'est de ce lieu élevé que Didon fait voir à Énée, frappé de surprise et d'admiration, les immenses travaux qu'elle a fait exécuter. Deux suivantes et un garde sont à quelques pas, en arrière de la reine; plus en arrière encore se voient des guerriers armés de lances et gardant une des portes de la ville. Cette porte et de hautes tours forment, à la gauche du tableau, une de ces grandes masses que Claude aimait à faire contraster avec la petitesse des objets lointains, et qui produisent un si bel effet. Du côté opposé, la vue plane sur Carthage. On y remarque principalement le magnifique temple que la veuve de Sichée a bâti en l'honneur de la déesse Junon : le dôme de cet immense édifice domine toute la ville. Dans le port, formé d'une enceinte dont l'entrée est défendue par deux tours, sont réunis les vaisseaux qui composent la flotte d'Énée. Au-delà du port, l'œil peut se promener sur une grande étendue de mer.

Ce tableau, par sa qualité autant que par ses dimensions, mérite une place distinguée entre les beaux ouvrages de l'auteur. On y lit le mot *Carthago* sur une des parties du parapet qui borde la plate-forme. La couleur rouge du ciel rappelle les grandes chaleurs qui règnent sur la côte d'Afrique, où Didon avait fondé Carthage.

188. Port de mer. — *Toile ; hauteur, qurrante-cinq pouces ; largeur, cinquante-cinq.*

Un vaste port formé d'une baie, et dans lequel s'avance une fortification flanquée de quatre tours carrées, occupe la plus grande partie du point de vue. Au-delà, est une ville adossée à de hautes montagnes.

Un navire est à l'ancre à l'entrée de la baie ; un autre est en chantier du côté du fort. Dans le port, voguent çà et là plusieurs petites barques, les unes garnies de voiles, les autres conduites par des rameurs. Des colonnes, restes d'un antique et somptueux édifice, se marient avec des arbres sur le premier plan, tout-à-fait à la gauche du tableau, et masquent en partie un vaisseau qui est amarré au rivage.

Quant à la principale scène dont Claude Lorrain a enrichi ce paysage, elle consiste en un groupe de trois femmes plongées dans une grande affliction, et en une quatrième qui s'entretient avec un pâtre, près duquel paissent quelques chèvres et brebis Un peu plus loin, vers la droite, on voit encore plusieurs hommes tirant un bateau à bord.

L'heure choisie par le peintre est celle du coucher du soleil.

189. Paysage avec effet de soleil levant. — *Toile ; hauteur, vingt-neuf pouces ; largeur, trente-neuf.*

A l'avant-scène, ombragée d'un côté par de grands arbres, est un large chemin où passe un berger chassant devant lui son troupeau. Un peu plus loin, du même côté, sont situées une tour et plusieurs maisons, par derrière lesquelles on voit une colline dont la pente douce s'abaisse et se termine vers le milieu du point de vue. Dans la partie opposée coule un fleuve que traverse un grand pont de pierre. Au-delà est un coteau couvert de bois. Dans le lointain, des montagnes s'élèvent devant l'horizon.

Ce qu'on ne se lasse point d'admirer dans ce tableau, ce sont ces teintes si vraies, si vaporeuses, si fuyantes, cette dégradation si parfaite, cette harmonie si ravissante, qui ont obtenu à Claude Lorrain la première place parmi les peintres de paysages de toutes les nations.

Fort de ses études, doué d'une grande mémoire, ayant appris la nature par cœur, ce peintre n'a pas craint d'en reproduire sur la toile les effets les plus difficiles à rendre. Il nous fait voir le soleil s'élevant au-dessus de l'horizon, et répandant à grands flots son éblouissante clarté, tantôt sur une mer qu'agite légèrement la brise du matin, tantôt sur de vastes et magnifiques campagnes. Peint-il le soleil au moment de son coucher? ce sont d'autres couleurs; le ciel et la terre sont comme revêtus de pourpre et d'or, tant soit peu mélangés d'azur. Les paysages de cet artiste ont encore un caractère distinctif. Ils représentent presque toujours les plus beaux sites du monde, avantage qu'il dut aux contrées où il avait fixé son séjour, et qui lui offraient des modèles parmi lesquels il ne lui restait qu'à choisir.

POUSSIN (Nicolas).

190. Sujet allégorique.—*Toile; hauteur, soixante-huit pouces; largeur, soixante.*

Cher aux muses, comblé des faveurs d'Apollon, qui lui enseigne l'art des vers, un jeune poète exprime, à la vue de deux couronnes, les désirs de gloire dont son âme est embrasée. Voilà, si le sens en a été bien compris, ce que dit cette allégorie.

Le dieu qui préside aux sciences et aux arts est représenté assis au milieu de la composition, le coude appuyé sur sa lyre d'or. Ses lèvres entr'ouvertes désignent, ainsi que l'action de sa main droite, qu'il dirige par ses leçons les efforts du génie naissant de son jeune favori. Celui-ci est debout vis-à-vis d'Apollon, une plume dans une main, un petit livre dans l'autre, et les regards attachés sur deux couronnes de laurier qu'un enfant ailé, planant sur sa tête, semble lui offrir. L'Amour, armé de son carquois et tenant une couronne, est à côté du dieu des sciences et des arts. Derrière eux, tout-à-fait à la droite du tableau, se voit la muse Euterpe, dont le nom, comme on sait, est allusif à la douceur persuasive de l'érudition : on la reconnaît à la flûte qu'elle a sous le bras.

191. Apollon amoureux de Daphné.—*Toile; hauteur, cinquante-six pouces; largeur, soixante-treize.*

Parmi les dessins de la collection du Musée royal, il y en a un de la main de Nicolas Poussin, qui est la première pensée de ce tableau. Le livret ou la notice qui parut en 1811, en explique le sujet de la manière suivante :

« Mercure vide le carquois d'Apollon, pendant « que ce dieu, devenu berger, considère l'Amour « lançant ses traits sur des naïades. Composition al- « légorique. »

Nous croyons pouvoir expliquer l'intention de l'auteur d'une manière plus claire et plus juste.

On lit dans les Métamorphoses d'Ovide que l'Amour, pour se venger d'une raillerie d'Apollon, qui l'avait traité d'enfant délicat et portant un arc qu'il n'avait point la force de bander, décocha à ce dieu une flèche d'or qui le rendit soudain amoureux de Daphné; et à Daphné, une flèche de plomb qui lui glaça tellement le cœur, qu'elle fuyait au seul mot d'amour. N'est-il pas évident que c'est bien de cet endroit du poëme, que le Poussin a tiré les motifs sur lesquels il a arrangé les diverses parties de la composition suivante.

Apollon y est représenté assis sur le devant d'un paysage. Ses yeux, fixés sur Daphné qui est de l'autre côté, vis-à-vis de lui, expriment bien qu'elle occupe son âme, mais sans y avoir encore porté le bonheur. La nymphe dont il est épris, et sur qui l'Amour décoche un trait de plomb, ne répond point à ses regards; loin de là, elle les attache sur son père, le fleuve Penée, et le supplie, en lui passant les bras autour du cou, de consentir qu'elle garde son innocence. Plusieurs nymphes ou naïades sont assises au bord de l'eau, entre Apollon et celle qu'il aime. L'une d'elles semble exprimer l'eau de ses cheveux. Une autre nymphe est assise dans les branches d'un arbre, et c'est apparemment une dryade. Quant à Mercure, représenté ici dérobant avec adresse les flèches qui remplissent le carquois d'Apollon, c'est une idée appartenant au Poussin, et qui renferme quelque sens moral. Le peintre a voulu faire entendre, peut-être, qu'Apollon, si fier de la supériorité de ses traits sur ceux de Cupidon, n'était même plus capable de les bien conserver, depuis que l'amour était entré dans son âme.

192. La Naissance de Bacchus. — *Toile; hauteur, quarante-cinq pouces; largeur, soixante-six.*

Les figures de cet admirable tableau ont à peu près vingt pouces de haut. Le Poussin en a pris le sujet dans la cinquième fable du troisième livre des Métamorphoses d'Ovide. C'est peut-être de ce peintre sublime la plus agréable production qui soit en France. Autrefois c'était un des plus beaux ornemens de la galerie du Palais-Royal.

Cette galerie ayant été vendue à Londres, comme on l'a dit ci-devant, à la page 31 de ce Catalogue, le tableau dont il s'agit fut acquis et payé cinq cents guinées par M. Willet, le même amateur qui avait acheté l'Éducation de l'Amour du Corrége, que nous avons inscrite sous le n° 11. Ce renseignement nous vient encore de l'ouvrage, déjà cité, de W. Buchanan, dans lequel on lit : *The Birth of Bacchus. W. Willet, esq.* — 500 *guineas...... This poetical composition was sold at the sale of M. Willet's pictures, in* 1819, *and is now in the possession of M. Erard, of Paris.*

Il a paru convenable de transcrire ici l'explication que Saint-Gelais a donnée de ce tableau, aux pages

352 et 353 de sa description des tableaux du Palais-Royal.

« La scène du tableau est un paysage où coule sur « le devant un ruisseau. Mercure, dont l'habille- « ment est rouge et le pétase vert, présente, sur une « grande draperie jaune, Bacchus nouveau-né et « couronné de pampre, à Ino. Cette nymphe, qu'une « draperie pourpre couvre seulement à moitié, est « assise à terre, et reçoit cet enfant avec beaucoup « de joie ; une autre nymphe, à genoux derrière « elle, l'embrasse, et tourne la tête vers ses compa- « gnes pour leur annoncer la naissance du fils de « Jupiter. A droite, on voit le maître des dieux dans « les nuées, couché sur un lit à l'antique, buvant « l'ambroisie dans une coupe que lui sert Hébé, ca- « ractérisée par une amphore. A gauche, quatre « nymphes assises dans l'eau, forment un groupe « avec des attitudes très-variées ; une cinquième à- « demi nue, ayant une draperie jaune qui tombe, « est derrière et s'appuie contre des ceps de vigne « et des branches de lierre ; cette dernière et deux « autres sont couronnées de lierre. Au-dessus de Bac- « chus, on aperçoit le dieu Pan, assis sur la croupe « d'une montagne, jouant de la flûte. Dans le coin « à droite, au bas du tableau, le peintre a représenté « la fable de Narcisse ; il est étendu mort sur les « fleurs qui portent son nom ; et un peu plus haut, « on voit la nymphe Écho assise, la tête appuyée sur « son bras ; sa pâleur blanchâtre marque qu'elle est « changée en pierre ».

On trouve une autre description de ce précieux tableau, dans un ouvrage écrit en Italien, par le marquis de Seignelai, et publié à Rome en 1672, sept ans après la mort du Poussin. L'auteur commence par ces mots : *Il Bambino, che Mercurio porge a quella ninfa é Baccho novallamente nato. La ninfa, etc.*

Le style riche, sublime, original de Nicolas Poussin ; la poésie dont il a généralement rempli ses ouvrages; les pensées fines, les grandes vérités dont ils abondent, lui ont acquis une telle célébrité, et ont rendu son nom si sonore dans toutes les parties du monde, qu'il est impossible au langage d'en augmenter l'éclat. Celui-là seul qui sent bien le Poussin, a dans l'âme, mais là seulement, ce qu'il faut pour le louer. On se bornera donc à faire remarquer ici, que le tableau représentant Apollon épris des charmes de Daphné est un morceau capital, et digne en tout du vaste génie de ce peintre; que celui qui représente la naissance de Bacchus est un de ses ouvrages les plus agréables, les plus parfaits et les plus renommés; un ouvrage qu'on ne devrait plus laisser sortir du pays qui s'honore d'avoir donné le jour et les premières leçons à son auteur.

TABLEAUX
DU SALON
DE
M. LE CHEVALIER ÉRARD.
FAISANT SUITE A CEUX DE SA GALERIE.

BERCHEM (Nicolas).

193. Scène familière. — *Toile*; *hauteur*, *soixante-deux pouces*; *largeur*, *cinquante-quatre*.

Une jeune dame ayant avec elle deux suivantes, dont une la couvre d'un parasol, écoute chanter une de ses amies qui est assise au pied d'un édifice embelli de statues. Près de la belle musicienne est un galant chevalier qui l'accompagne de sa guitare. Deux autres hommes sont en arrière sur les degrés de l'édifice.

Une fontaine orne, au premier plan, le champ du tableau. Sur les autres plans on voit un palais et une petite partie de l'un des quais d'un port.

Ce morceau est traité dans le goût de Veenix. On le regarde depuis long-temps comme une variété très-digne de remarque parmi les productions de Berchem; car, bien que les objets y soient exécutés sur une plus grande échelle que dans les autres ouvrages de cet artiste, il n'y a pas déployé moins de cette aisance, de cet esprit, de cette netteté de pinceau, qui caractérisent la piquante originalité qui lui est particulière.

Plusieurs catalogues de cabinets très-renommés font mentiou de ce beau tableau.

BERKHEYDE (G.)

194. Vue de Hollande. — *Toile; hauteur, vingt-quatre pouces; largeur, vingt-huit.*

Cette vue, prise dans l'intérieur d'une ville, se compose d'une partie de canal que traverse un pont, et sur lequel flottent différentes barques servant au transport des marchandises. Au-delà du canal est un quai abrité par de grands arbres, dont le feuillage épais masque une rangée de maisons. De petites figures bien dessinées, disposées et groupées à propos, animent tous les points de ce tableau, dont l'aspect rappelle ceux de Vander Heyde.

BOTH (De Heusch. Dans le gout de).

195. Paysage. — *Toile; hauteur, vingt-cinq pouces; largeur, trente-cinq.*

A droite, tout-à-fait à l'avant-scène, un villageois, assis sur un quartier de rocher, s'entretient avec un autre homme qui est debout près de lui, et dont tout le vêtement consiste en une ceinture attachée autour de ses reins. Vers le second plan, dans un chemin sinueux, viennent une femme montée sur un âne, et plus loin un valet de ferme conduisant un cheval de somme précédé de quelques brebis.

S'agit-il de l'élégance, de la légèreté des arbres, de ces reflets vifs et dorés qui semblent se jouer, au soleil du soir, dans les branchages, parmi les rochers, sur les gazons, par toute la campagne; l'auteur est à cet égard l'un des plus séduisans paysagistes. Il s'est d'ailleurs distingué par beaucoup de goût dans l'économie de ses compositions, dont les grandes masses ne sont pas seulement bien disposées, mais encore enrichies d'une quantité de détails rendus avec légèreté. Dans le tableau dont on a commencé la description, on voit sur le premier plan des buissons, des plantes sauvages, des quartiers de rocher, se mariant ensemble et formant une espèce de bordure en avant d'un large sentier. Aux côtés, parmi ces plantes et ces buissons, s'élèvent des bouquets d'arbres, dont les rameaux, découpés avec grâce, encadrent un point de vue montagneux, immense, richement boisé, et formant la plus agréable des perspectives. Une grande fraîcheur de coloris, un fini précieux achèvent de donner à ce paysage tout le charme imaginable.

DIETRICH (Chrétien-Guillaume-Ernest).

196. Paysage pastoral. — *Toile; hauteur, vingt pouces; largeur vingt-cinq.*

Sur le devant d'un pâturage, un villageois badine avec un petit enfant qu'une jeune femme tient dans ses bras. Cette petite scène porte à croire que l'idée du peintre a été de représenter deux époux s'amusant des gentillesses de leur premier-né. Plusieurs animaux enrichissent encore le devant de ce paysage; il a pour fond un site montagneux dont les plans sont parfaitement dégradés et d'une bonne couleur. Dietrich n'a rien produit de meilleur dans ce genre de peinture; on dirait qu'il a voulu y *pasticher* Berchem.

DYCK (Attribué a A.-V.)

197. La mort de Jésus. — *Bois*; *hauteur, seize pouces*; *largeur, treize.*

Marie, dont les yeux tournés vers le ciel expriment la plus profonde douleur, soutient le corps de son fils qui vient d'être détaché de la croix. A genoux près d'elle, Madeleine baise avec respect une des mains glacées de Jésus-Christ. Saint Jean, debout en arrière de la pécheresse, concentre en lui-même la douleur que lui cause la mort de son maître.

Ce petit tableau, dans plusieurs de ses parties, rappelle bien le style de Van Dyck. Il y a du sentiment dans les figures, dans le coloris beaucoup de vigueur.

LINGELBACH (Jean).

198. Paysage. — *Toile*; *hauteur, treize pouces*; *largeur, douze.*

Sur le devant, à gauche, on voit une charrette attelée d'un cheval et chargée de foin; à droite est une femme qui regarde deux paysans assis et s'amusant à un jeu très-usité en Italie. Les lointains offrent à la vue un pays plat. Peu d'ouvrages de Lingelbach sont aussi finis que celui-ci.

MAUBEUGE (Jean de Mabule, autrement dit).

199. L'adoration des Mages, celle des bergers et la présentation au temple. — *Tableau à volets*; *bois*; *hauteur, trente-un pouces*; *largeur, vingt-six.*

Dans le tableau principal, la Vierge est assise au pied des ruines d'un riche édifice d'architecture moresque, et tient son fils sur ses genoux; un des mages, prosterné aux pieds de cet enfant, lui présente son offrande; les deux autres sont debout, l'un à la droite, l'autre à la gauche de Marie. En arrière sont les gens qui composent la suite de ces trois augustes personnages. Dans le lointain, au milieu d'un riche paysage, on remarque la ville de Bethléem.

Sur le volet qui est à la droite du tableau, est représentée l'adoration des pasteurs. Le nouveau-né, couché sur un des pans du manteau de sa mère, est l'objet de sa vénération. Trois anges à genoux adorent le Messie; derrière eux se voient deux bergers qui viennent lui rendre hommage. Saint-Joseph, une lanterne à la main, paraît s'étonner des honneurs qu'on rend au fils de Marie. Un ange plane sur la scène. Le fond du tableau représente des ruines et un paysage.

Maubeuge à peint, sur l'autre volet, la présentation au temple. Le grand prêtre, placé devant l'autel, tient Jésus dans ses bras; à ses pieds est agenouillée la vierge Marie. Saint-Joseph et une jeune femme ayant chacun un cierge à la main, assistent à la cérémonie du rachat de l'enfant et de la purification de la mère; on y voit aussi la prophétesse Anne et Siméon. L'architecture du temple est moresque.

Il y a dans toutes ces figures un caractère de bonhomie et de vérité qui les rend très-remarquables. Le coloris étonne par sa vigueur et son éclat; l'exécution est d'un beau fini; la conservation telle, qu'il est impossible de découvrir dans tout le tableau la moindre altération ; en un mot, c'est un morceau précieux pour les personnes qui recherchent les peintures des anciennes écoles.

PLAZER (F.-J.).

200. L'INAUGURATION ET LA DESTRUCTION DU TEMPLE DE SALOMON ; en deux tableaux faisant pendans. — *Toile* ; *hauteur, vingt-quatre pouces* ; *largeur, vingt-huit.*

Ce serait entreprendre l'impossible que de vouloir décrire deux sujets dans chacun desquels on compterait des centaines de figures, mêlées à des accessoires sans nombre. Pour donner une faible idée de l'étonnante richesse d'imagination qui s'y fait admirer, il suffira de dire que les plus grandes compositions du célèbre Callot, comparées à celles-ci, deviendraient des inventions simples. Dans l'incendie du temple il y a des attitudes, des expressions qui étonnent, tant Plazer y a mis de hardiesse et de variété ; mais ce qu'il y a de plus prodigienx, c'est l'extrême fini qui se montre dans un aussi grand nombre de choses, qui par cette raison sont autant de miniatures parfaites. Il est douteux que la peinture se soit jamais imposé de tâche plus extraordinaire que ces tableaux, dont chacun a dû couter des années de patience et de travail. Ils firent une grande sensation dans les premiers temps de leur arrivée à Paris, et furent vendus à un haut prix, comme cela arrive pour ce qui est éminemment remarquable et rare.

REMBRANDT (Att. a P.).

201. Paysage. — *Bois; hauteur, dix-huit pouces; largeur, vingt-trois.*

Le coloris de ce tableau est de ce ton doré, un peu enfumé, qu'on remarque dans certains ouvrages de Rembrandt; l'exécution en est très-arrêtée et d'un grand fini; dans la composition on retrouve la simplicité des paysages de Van-Goyen et de Salomon Ruysdaël. A droite, des chaumières ou maisons rustiques sont abritées par de grands arbres; et tout près de ces maisons est une femme qui se fait dire la bonne aventure par une Bohémienne; à gauche, à l'extrémité d'un pays plat, on aperçoit un village. Les tableaux de l'espèce de celui-ci sont très-rares : il y a, dans le coloris, énergie, transparence et effet.

SART (Corneille du)

202. Fête champêtre. — *Toile; hauteur, quinze pouces; largeur, dix-neuf.*

Devant la porte d'un cabaret rustique, six paysans, hommes et femmes, se donnant la main et formant un rond, sautent en cadence au son d'un violon; d'autres paysans, la pipe ou le verre à la main et dans des attitudes différentes, s'amusent à les regarder. Une foule de personnages réunis dans un endroit plus éloigné, indique que Du Sart a entendu donner une image des bruyans plaisirs d'une fête patronale.

FIN.

IMPRIMERIE DE DEZAUCHE,
FAUB. MONTMARTRE, N. 11.

www.ingramcontent.com/pod-product-compliance
Ingram Content Group UK Ltd.
Pitfield, Milton Keynes, MK11 3LW, UK
UKHW020551180726
13838UKWH00001B/168

9 782329 364841